Roland Hanewald, Stefanie Kullmann

Langeoog

Wie blau ist das Meer, wie groß kann der Himmel sein!

Hans Albers in „La Paloma",
Text: *Helmut Käutner*

Impressum

Roland Hanewald, Stefanie Kullmann
REISE KNOW-HOW Langeoog

erschienen im
REISE KNOW-HOW Verlag Peter Rump GmbH,
Bielefeld, Osnabrücker Str. 79, 33649 Bielefeld

© REISE KNOW-HOW Verlag Peter Rump GmbH
1999, 2002, 2006, 2009, 2012, 2016
7., neu bearbeitete und aktualisierte Auflage 2018

Gestaltung:
Umschlag: G. Pawlak, P. Rump (Layout);
    M. Luck (Realisierung)
Inhalt: G. Pawlak (Layout); M. Luck (Realisierung)
Fotonachweis: S. Kullmann (sk); R. Hanewald (rh);
    T. Clever (tc); Reiterhof To'n Peerstall (tp);
    PROBOARDER Kite- und Windsurfschule Langeoog
    (pb); Tourismus-Service Langeoog (ts);
    H. Kullmann (hk)
Titelfoto: S. Kullmann (Motiv: Bunte Ladenzeile
    am Langeooger Hauptbad)
Karten: C. Raisin; der Verlag

Lektorat: M. Luck

Druck und Bindung: D3 Druckhaus GmbH, Hainburg

Anzeigenvertrieb:
KV Kommunalverlag GmbH & Co. KG,
Alte Landstraße 23, 85521 Ottobrunn,
Tel. 089-928096-0, info@kommunal-verlag.de

ISBN 978-3-8317-3090-2
Printed in Germany

Dieses Buch ist erhältlich in jeder Buchhandlung
Deutschlands, der Schweiz, Österreichs, Belgiens
und der Niederlande. Bitte informieren Sie Ihren
Buchhändler über folgende Bezugsadressen:

Deutschland: Prolit GmbH, Postfach 9,
D-35461 Fernwald (Annerod) sowie alle Barsortimente
Schweiz: AVA Verlagsauslieferung AG,
Postfach 27, CH-8910 Affoltern
Österreich: Mohr Morawa Buchvertrieb GmbH,
Sulzengasse 2, A-1230 Wien
Niederlande, Belgien: Willems Adventure,
www.willemsadventure.nl

Wer im Buchhandel trotzdem kein Glück hat,
bekommt unsere Bücher auch über unseren
Büchershop im Internet:
www.reise-know-how.de

Ian18_042 sk

Roland Hanewald
Stefanie Kullmann

LANGEOOG

Vorwort

Als „**Insel fürs Leben**" preisen die Langeooger ihr knapp 20 Quadratmeter gro-ßes Eiland. Wer sich einmal in die Insel verliebt, so sagen sie, der kehrt immer wieder. Und in der Tat: Langeoog gilt heute als eines der beliebtesten Reiseziele der Nordsee. Über 200.000 Übernach-tungsgäste werden auf der ostfriesischen Insel seit Jahren gezählt, die meisten von ihnen aus Niedersachsen und Nord-rhein-Westfalen und viele bereits das dritte, vierte, fünfte, unzähligste Mal.

Hinzu kommt eine stetig wachsende Zahl an Tagesgästen, rund 150.000 wa-ren es zuletzt pro Jahr. Das ist für eine kleine Insel beträchtlich und deutet auf angenehme Verhältnisse hin.

Ein großer Teil Langeoogs ist **Natur-schutzgebiet,** das gegen das ferne Ost-ende immer urwüchsiger und, abgese-hen von zahlenstarken Populationen von Vögeln und Seehunden, stets einsamer wird. Auch das angrenzende Watten-meer genießt hohen Schutzstatus; es gehört sogar zum Weltnaturerbe der UNESCO und steht insofern auf Schul-terhöhe mit dem Grand Canyon, den Niagarafällen und dem australischen Great Barrier Reef. Hinzu gesellen sich 14 Kilometer Sandstrand ohne eine ein-zige den Blick aufs Meer störende Buh-ne, einige schwindelnd hohe (fast 20 Me-ter) Dünen im Hinterland und ein ange-nehmes Inselstädtchen. Und jede Menge Raum zum Radeln, Reiten und Wan-dern, denn Langeoog ist autofrei – seit 1398, wie es augenzwinkernd heißt. So-gar Golf kann man auf der Insel spielen, auf einem sandigen 9-Loch-Platz, mit ins Leben gerufen durch den auf der In-sel ansässigen Kunstmaler *Anselm,* in dessen Atelier man auch das Malen ler-nen kann.

Langeoog gilt zudem als **ideales Ziel für Familien,** sind doch diverse Einrich-tungen vorhanden, bei denen gemein-sam reisende Kinder, Eltern und auch Großeltern auf ihre Kosten kommen. Doch recht besehen ist der 14 Kilometer lange Sandstrand die größte und belieb-teste Attraktion.

lan18_043 sk

◁ Der Wasserturm – Langeoogs Wahrzeichen

Genügend Gründe also, um nach Langeoog zu reisen. **Das vorliegende Buch** hilft mit einer Vielzahl von praktischen Tipps, das richtige Feriendomizil zu finden und den Urlaub abwechslungsreich zu gestalten. Darüber hinaus bietet es detailliertes Hintergrundwissen über die Nordsee, die Natur und die Menschen auf der Insel.

Einen schönen Aufenthalt auf Langeoog wünschen

Roland Hanewald &
Stefanie Kullmann

Steckbrief Langeoog

- **Landkreis:** Wittmund
- **Bundesland:** Niedersachsen
- **Lage:** zwischen den Ostfriesischen Inseln Baltrum (im Westen) und Spiekeroog (im Osten) in der Deutschen Bucht
- **GPS-Koordinaten:** 53.45°N 7.30°O
- **Entfernung zum Festland:** 4 km, Fährhafen Langeoog – Bensersiel 7 km
- **Länge:** 11 km
- **Breite:** 3,5 km im Inselwesten, auf Höhe der Melkhörndüne etwa 1,5 km
- **Fläche:** 19,6 km² = drittgrößte Ostfriesische Insel (nach Borkum und Norderney)
- **Höchste Erhebung:** Melkhörndüne, fast 20 m und damit einer der höchsten natürlichen Punkte Ostfrieslands
- **Einwohner:** 1785 (Januar 2018)
- **Postleitzahl:** 26465
- **Vorwahl:** 04972
- **Internet:** www.langeoog.de

Unterkunft: Preisangaben

Die Preise in diesem Buch sind für eine Übernachtung **pro Person im Doppelzimmer bzw. in einer Suite mit Frühstück** angegeben. Sie beziehen sich auf Hotels und Pensionen, im Falle von Ferienwohnungen gelten andere Kriterien, weil sie von mehreren Personen belegt werden können.

Die **Preiskategorien** sind folgende:

① bis 50 €
② 50–80 €
③ 80–100 €
④ 100–120 €
⑤ über 120 €

Hinweise zum Buch

MEIN TIPP: steht für **spezielle Empfehlungen** der Autorin *Stefanie Kullmann* nach persönlichem Geschmack.

Der **Schmetterling** kennzeichnet Tipps mit einer ökologischen Ausrichtung, z.B. (Natur-)Genuss, der besonders nachhaltig oder umweltverträglich ist.

Der **Kinder-Tipp** steht für Angebote, bei denen vor allem kleine Gäste und ihre Familien auf ihre Kosten kommen.

- Die **Internet- und E-Mail-Adressen** in diesem Buch können in Ausnahmefällen – bedingt durch den Zeilenumbruch – so getrennt werden, dass ein Trennstrich erscheint, der nicht zur Adresse gehören muss!
- Die **Abkürzung „FB"** steht in diesem Reiseführer für Facebook.
- ☑ Die **Ziffern** in den farbigen Kästchen, die sich vor allem im Kapitel „Insel-Info A–Z" finden, verweisen auf den jeweiligen Legendeneintrag in den Karten.

Inhalt

1 Sehenswertes   8

2 Allgemeine Reisetipps   30

3 Insel-Info A–Z   50

Karten

Langeoog Insel: Umschlag hinten
Langeoog Ort: Umschlag vorn

Thematische Karten

Exkurse

■ **Updates nach Redaktionsschluss:** Auf der Produktseite dieses Reiseführers im Internetshop des Verlages finden sich zusätzliche Informationen und wichtige Änderungen.

1 Sehens-
wertes

◁ Das neu gestaltete Hauptbad ist ein beliebter Treffpunkt

Atelier am Meer

Kunstmaler Anselm

Oben auf der Höhenpromenade, Ecke Warmbadweg liegt das „Atelier am Meer". Hier lebt und arbeitet der 1943 in Tegernsee (Oberbayern) gebürtige **Kunstmaler Anselm,** bürgerlich *Anselm Prester.* Schon als jungen Mann hatte es den Bayern 1965 (durch Heirat) auf die Insel verschlagen; mittlerweile lebt er **seit über 50 Jahren** hier und ist eine gut vernetzte Größe. Nach ersten Jahren als Barkeeper und DJ in der schwiegerelterlichen Diskothek „Givtbude" stellte sich *Anselm* als Künstler auf eigene Füße und führt damit eine Familientradition fort, denn auch sein Vater war in Rottach-Egern als Kunstmaler bekannt. Zeichnete *Anselm* zunächst vor allem Porträts von bekannten Clowns und Pantomimendarstellern, so wurden **Langeooger Inseleindrücke** zunehmend das Hauptmotiv seiner Bilder, die er bevorzugt mit Aquarell, Öl und Pastellkreiden umsetzt. Die Farbe des Meeres und das Wechselspiel des Lichts faszinieren ihn immer wieder aufs Neue.

Malschule

Seit 1978 unterrichtet der Wahlostfriese, der sich auch als Surflehrer, Gründungsmitglied des Rotary Clubs Langeoog, Initiator des Langeooger Golfplatzes und Bühnenbildmaler für den Langeooger Shantychor „De Flinthörners" im Lauf der Jahre einen Namen gemacht hat, in seiner eigenen Malschule, in der interessierte **Kinder und Erwachsene** stets willkommen sind. Das Atelier am Meer, in dem er mittlerweile von Enkelin *Carmen Prester* unterstützt wird, genießt großen Zuspruch. Eleven im Alter von fünf bis über 90 Jahren haben bereits an seinen Kursen teilgenommen und in lockerer und herzlicher Umgebung verborgene Talente entdeckt.

Kleinstes Museum der Welt

Neben Originalen im Atelier lassen sich *Anselms* Werke auch als Postkarten, Jahreskalender und Kunstdrucke im benachbarten **„BilderBuch"** kaufen. Dort sind neben Künstlerbedarf und Geschenkartikeln auch seine DVD-Lehrfilme „Malen mit Anselm" erhältlich, in denen er einen Einblick in seine Technik gibt (siehe auch unter „Einkaufen"). Vor dem Laden steht das **„kleinste Kunstmuseum der Welt",** in dem *Anselm* Bilder zu karitativen Zwecken verkauft.

■ Für Erwachsene finden **Malkurse** von März bis Oktober statt, pro Kurs jeweils Mo–Mi 16.30–18.30 Uhr, inkl. Material 170 € (Pastell und Öl). Kinderkurse in den Ferienzeiten Mo–Mi 11–12 Uhr, inkl. Material 50/60 € (Pastell/Öl). Zusatztermine für Gruppen auf Anfrage. Anmeldung im Atelier am Meer unter Tel. 6371, über anselm@inselmaler.de oder im BilderBuch, Tel. 912900. Infos auch unter www.inselmaler.de und www.bilder-buch-langeoog.de.

⌄ „Verkehrsschild" made by Anselm

lan18_044 sk

Dünenfriedhof

Zum Gedenken

Der Dünenfriedhof am nordöstlichen Rand des Inseldorfes wurde 1940 angelegt. Neben einem Ehrenmal zum Gedenken an die **Gefallenen und Vermissten des Zweiten Weltkriegs** von 1959 befindet sich hier auch eine Gedenkstätte für die auf Langeoog gestorbenen **baltischen Flüchtlinge.** Sandsteintafeln mit Namen und Todesdaten erinnern zudem an das Schicksal der hier beigesetzten **russischen Kriegsgefangenen.**

Das am häufigsten besuchte und oft mit Blumen geschmückte Grab dürfte jedoch das der Sängerin *Lale Andersen* sein. Der schlichte Grabstein ist ein regelrechtes Wallfahrtsziel für viele ihrer Fans von einst und jetzt.

Lale Andersen

Lale Andersen, 1905 bürgerlich als *Lieselotte Bunnenberg* in Bremerhaven geboren, war die Sängerin, die das **Soldatenlied „Lili Marleen"** unsterblich machte. Anno 1939 und in den Folgejahren genoss dieser regelmäßig über den Soldatensender Belgrad ausgestrahlte Song große Popularität – und das auf beiden Seiten der Front. Die nationalsozialistischen Machthaber schätzten ihn weniger – die von Melancholie getragene Ballade war ihnen wohl nicht martialisch genug. Von ihnen erhielt *Lale Andersen* 1942 Auftrittsverbot. Nach dem Krieg zog sich die Sängerin nach Langeoog zurück und wohnte zunächst in einer alten Wehrmachtsbaracke gleich neben dem Friedhof, die sie in den Folgejahren zu einem großen, reetgedeckten Refugium, dem heutigen **„Sonnenhof"** am Gerk-sin-Spoor 6, ausbaute. Das Haus war viele Jahre ein beliebtes Café-Restaurant; heute ist es ausschließlich als Ferienhaus zu mieten (www.lale-andersen-haus-langeoog.de). Anfang der 1960er Jahre gelang *Lale Andersen* ein überraschendes Comeback – Seemannsromantik à la *Freddy Quinn* war gefragt. Häufig trat die Sängerin damals auch in der Langeooger Strandhalle auf. Im August 1972 verstarb die Künstlerin, nachdem sie noch im Mai das Fahrgastschiff „Lili Marleen" getauft hatte, an den Folgen einer Krebserkrankung in Wien. Unter großer Anteilnahme der Langeooger Bevölkerung und zahlreicher Gäste wurde sie auf dem Dünenfriedhof beigesetzt.

◁ Lales Grab ist ein regelrechtes Pilgerziel

1

Denkmal für Lale Andersen

Seit dem 100. Geburtstag *Lale Andersens* am 23. März 2005 steht unterhalb des Wasserturms ein von der Langeooger Künstlerin *Eva Recker* geschaffenes Denkmal in Form einer **lebensgroßen Bronzestatue.** Im Seemannshus gibt es über die bekannte Inselbewohnerin zudem eine kleine Ausstellungsecke. Die Inselbäckerei Remmers Backstube bietet ihr zu Ehren eine „Süße Lale", ein Quark-Hefeteilchen mit Zimt und Sanddorn, an (siehe auch unter „Einkaufen").

Evangelische Kirche

Neugotische Inselkirche

Die Interieure evangelischer Kirchen sind im Allgemeinen eher schlicht, und das ist auf Langeoog nicht anders. Die Inselkirche wurde 1888 bis 1890 nach strengen neugotischen Vorgaben erbaut. Eine nennenswerte Ausnahme bildet in diesem Fall das zeitgenössische **Altarbild** des 1951 in Norden geborenen Künstlers *Hermann Buß*. Es hat seit seiner Anbringung im Dezember 1990 für einige Aufregung gesorgt. **An ihm scheiden sich die Geister:** Manche Betrachter finden das Bild „sehr schön", „interessant" oder „zeitgemäß", andere beschreiben es als „kalt" und „trostlos" und hätten wohl die Beibehaltung der Kopie einer Christus-Darstellung von *Giovanni Bellini* aus dem 15. Jahrhundert vorgezogen.

Altarbild

Eine gewisse **Trostlosigkeit** geht in der Tat von dem grau-grünen Werk aus, in dessen Zentrum ein morscher Kahn im gestrandeten Zustand zu sehen ist. Passagiere – vielleicht an Deck eines weiteren Schiffes – stehen herum, die wohl etwas mit dem Wrack zu tun haben, womöglich darauf warten, dass es wieder flott kommt. Was vergebliche Liebesmüh sein dürfte, hoch und trocken wie die alte Arche liegt. Dass sich an Deck des Havaristen niemand zeigt, wirkt auch nicht sehr ermutigend. Im Vordergrund erkennt man eine Tafel, die hastig verlassen scheint und entfernt an eine Abendmahlsszene erinnert.

⊳ Das ominöse Altarbild des Künstlers Hermann Buß

Wie auch immer: Mit dem surrealistisch anmutenden Bild besitzt Langeoog eine Sehenswürdigkeit, an der man nicht vorbeigehen sollte, und die auf jeden Fall zum Nachdenken anregt.

Schiffsmodell

Sehenswert in der Kirche ist ebenfalls das **Modell des Seglers „Bethel"** über dem Lesepult. Gefertigt wurde es von *Caspar Döring,* der als junger Seemann bei einem Schiffsunglück aus dem Mast fiel und fortan querschnittgelähmt vom Bau hochkarätiger Schiffsmodelle lebte. Der Kunsthandwerker starb 1932.

Infohaus „Altes Wasserwerk"

Unterhaltsame Ausstellung

Im Gebäude des stillgelegten Wasserwerk-West befindet sich eine kleine Ausstellung, die über die **Trinkwasserversorgung** auf Langeoog sowie einen verantwortungsvollen und sparsamen Umgang mit Trinkwasser im Allgemeinen informiert. Sehr unterhaltsam sind auch die Ausführungen und Fotos, die das **historische Badevergnügen** auf der Insel zeigen sowie die Schautafeln und Vitrinen zur ostfriesischen **Teezeremonie.** Im Außenbereich des Infohauses gibt es einen kleinen **Lehrpfad** über Dünen- und Küstenschutzmaßnahmen.

Süßwasserlinse

Langeoogs Trinkwasserversorgung wird durch eine große, unter der Insel liegende Süßwasserlinse gewährleistet, die sich **aus Niederschlägen speist.** Da Süßwasser leichter ist als Salzwasser, schwimmt es auf dem umliegenden Meerwasser wie ein Fettauge. Entnommen wird das Trinkwasser über 17, durchschnittlich 23 Meter tiefe Brunnen in der Nähe des Pirolatals, wo sich auch das Wasserwerk Langeoogs befindet. Die größte Gefahr für die Süßwasserlinse geht von einem Dünendurchbruch am Pirolatal aus, denn durch eindringendes Meerwasser würde aus ihr Brackwasser und die Linse für Jahre unbrauchbar. Da es – anders als auf einigen anderen Ostfriesischen Inseln, zum Beispiel Wangerooge – keine Versorgungsleitungen zum Festland gibt, werden die Dünen an dieser Stelle durch regelmäßige Strandaufspülungen kontinuierlich geschützt (siehe auch unter „Inselgeschichte/Langeoog heute"). Der tägliche **Trinkwasserbedarf** auf Langeoog bewegt sich zwischen 400.000 Litern im Winter und über 2.000.000 Litern an einem heißen Sommertag mit vielen Feriengästen. Jährlich werden der Süßwasserlinse rund 340.000

Kubikmeter Trinkwasser entnommen, bis zu 450.000 Kubikmeter wären möglich, ohne das Gleichgewicht zwischen Verbrauch und der sogenannten Grundwasserneubildungsrate zu gefährden. Beeindruckend: Bis ein als Regen gefallener Wassertropfen aus der Leitung läuft, dauert es 20 bis 30 Jahre.

Die leicht bräunlich-gelbliche Verfärbung des Langeooger Trinkwassers ist übrigens auf Huminstoffe zurückzuführen, die gesundheitlich vollkommen unbedenklich sind.

● **Info:** Mittelstr. 37, Ecke An der Kaapdüne, ganzjährig geöffnet, 15.3.–31.10. täglich 9–18.30 Uhr, 1.11.–14.3. 9–16 Uhr, Eintritt frei.

Neues Hauptbad

Beliebtes Fotomotiv

Mit der **bunten Ladenzeile** am Hauptbad ist Langeoog seit dem Frühjahr 2017 nicht nur um ein Fotomotiv, sondern auch um einen beliebten Treffpunkt reicher. Die **kleinen Häuschen** am Kavalierpad 12 ersetzen das zuletzt arg in die Jahre gekommene alte Hauptbad aus den 1960er Jahren, in dem Lager, Büroräume, Duschen und Umkleidekabinen untergebracht waren. Verschiedene Imbisse und Bistros, die Langeooger Biomaris-Filiale und ein Vermietungsbüro für Ferienwohnungen laden nun zum Bummeln ein. Auch die umgebenden, langen **Bankreihen** aus Holz werden ausgiebig genutzt. Sie trennen zudem den neu angelegten großen **Fahrradparkplatz** vom Gehweg. Im hinteren Teil des Ensembles befinden sich öffentliche Unisex-Toiletten sowie Behinderten- und Familien-WCs mit Wickelmöglichkeit. Als Vorbild für die Gestaltung ihrer aus Lärchenholz gefertigten Häuschen hatten die Bauherren *Peer* und *Susanne Agena* eine Ansicht der schwedischen Hafenstadt Smögen im Kopf. Das Paar bietet in einer der Buden seine aus dem Atelier „Schmucklust" (jetzt „Hofgoldschmiede am Meer") bekannten **Bernsteinschleifkurse** an (siehe auch Exkurs „Auf der Jagd nach dem Inselgold"). Ein kleines Bernsteinmuseum ist in Planung.

Inselwäldchen

Highlight auf dem sandigen Eiland

Kaum jemand wird auf Langeoog Bewaldung vermuten. Doch das sogenannte Inselwäldchen südlich des Ortes hat ganz ansehnliche Abmessungen und ist ein wahres Highlight auf dem ansonsten weitgehend sandigen Eiland. Das **ehemalige Areal des** von den Nationalsozialisten gebauten **Militärflughafens** ist heute hübsch verwildert. Angenehm fällt auf, dass man hier nicht (nur) die für Nordseegestade atypischen **Kiefern** angesiedelt hat, sondern jede Menge **Laubwald,** darunter heimatliche Gewächse wie Birken, Erlen, Pappeln und Ebereschen und zudem Holunder und Heckenrosen. Im Spätsommer kann man sich an reichlich Brombeeren laben. Einige **Wanderpfade** und ein **Reitweg** durchziehen das Gehölz, und man findet sich oft herrlich allein. Oder allenfalls in der Gesellschaft von Rotwild, denn eine Anzahl von Rehen ist auf Langeoog beheimatet.

⊳ Herbststimmung im Inselwäldchen

1

Schiffahrtsmuseum

Seefahrt und Geschichte

Langeoogs recht kleines, aber **ansprechendes Museum** hat, wie auch die Inselreederei, die Rechtschreibreform einfach nicht mitgemacht und schreibt sich nach wie vor mit zwei F. Die 1981 eröffnete Sammlung geht auf eine Schenkung des langjährigen Langeoog-Gastes und Nautikbegeisterten *Artur Rose* aus Bielefeld zurück. Auf zwei Etagen werden unzählige Exponate zur Geschichte der Langeooger Schifffahrt, zum Seenotrettungswesen auf der Insel, zur Südostasienflotte der kaiserlichen Marine und zur Ära der großen Transatlantikpassagen gezeigt. Unter den gut hundert Schiffsmodellen und Buddelschiffen, den Schiffspapieren, Passagierlisten, Reedereiplakaten und zahlreichen nautischen Hilfsmitteln lassen sich einige Kuriositäten entdecken.

Schiffsmodelle und Exponate

Ein stattlicher Teil der Exponate stammt dabei aus Großbritannien, über Jahrhunderte hinweg die Seefahrtsnation schlechthin. Unter den Schiffsmodellen sticht vor allem das **„Knochenschiff"** heraus, eine von französischen Seeleuten, die von 1795 bis 1815 in englischer Gefangenschaft saßen, gefertigte Nachbildung einer Fregatte. Das Modell, die „La Mystère", besteht zur Gänze aus Rinder- und Hühnerknochen, für die Takelage wurden damals Menschenhaare verwendet, beim heutigen Modell besteht sie aus Hanffäden. Auch die **„HMS Victory"**, von *Lord Nelson* in der Seeschlacht von Trafalgar (1865) kommandiert, ist als Modell zu bewundern. In Form einer hölzernen Büste, die einst auf der Fregatte „Nelson" auf dem Achterdeck von jedem vorübergehenden Seemann zu grüßen war, ist der berühmte britische Vizeadmiral ebenfalls in der Ausstellung zu sehen. Womit sich Seeleute auf den oft wochenlangen Fahrten beschäftigten, zeigen **gravierte Walknochen und Walzähne.** Die mit einer Nadel eingeritzten Inschriften, Schiffsbilder, Porträts und Walfangszenen wurden mit einer Mischung aus Tran und Ruß geschwärzt, um sie deutlicher abzuheben.

▷ Büste des Vizeadmirals Lord Nelson

1

**Leben
auf der Insel**

Ein neuer Schwerpunkt des Museums zeigt die besonderen He-rausforderungen an die Bewohner einer Insel. Die Weihnachts-flut 1717 und die aktuellen Küstenschutzmaßnahmen im Piro-latal werfen Schlaglichter im **Kampf der Insulaner gegen die Naturgewalten der Nordsee.** Auch die „Überraschungseier-Flut" und die Havarie der „Glory Amsterdam" 2017 sind im Mu-seum verewigt.

lan16_005 rh

Dem Museum angeschlossen ist die Ausstellung **„Mini-Langeoog – die Insel aus Lego®-Steinen",** eine raumfüllende Ansicht der kompletten Insel aus über einer Million bunter Steinchen – vom Anleger über den Wasserturm, die Strandhalle, den Flugplatz bis hin zur Inselbahn ist alles zu finden. Gebaut wurde die Inselnachbildung über viele Jahre von *Kai Böker* und seinem Vater *Andreas*. 2007 starteten die beiden Herforder mit ersten Gebäuden, 2017 schenkte *Kai Böker* dem Museum als Abschluss eine Miniversion des neuen Hauptbades.

■ Museumsleiter und Insulaner *Bernhard Mennen* lädt alle Besucher dazu ein, ihr erworbenes Wissen mit dem **Langeooger Schiffspatent** zu besiegeln (Kosten für Patentgebühr und Urkunde 1 €). Die ganz Kleinen können alternativ an einer **Lego®-Rallye** teilnehmen (Teilnahme und Urkunde 50 Cent).

■ Das Museum und die Lego®-Ausstellung befinden sich **im Haus der Insel.**

■ **Öffnungszeiten:** Mo–Sa 10–13 Uhr, Di und Do zusätzlich 14–17 Uhr.

■ **Eintritt:** Erwachsene 3 €, Kinder (6–15 Jahre) 1,50 €, Gruppen 1,50 € p.P. nach Anmeldung unter Tel. 693211.

⌄ Kasse des Schiffahrtsmuseums

lan18_045 sk

Seemannshus

Heimat-museum

1794 bauten sich an dieser Stelle der Steuermann *Hinrich Lüken* und seine Frau *Antje* ihr Nest, ein gemütliches, zur Sicherheit gegen Sturmfluten auf einer Düne hoch gelegenes Häuschen. 1844 wurde das Domizil grundlegend umgebaut, und heute beherbergt es ein kleines Heimatmuseum, das Einblicke in das bescheidene **häusliche Leben** der damaligen Zeit gibt und auch der Sängerin *Lale Andersen* eine kleine Ausstellungsecke widmet.

Standesamt

Gleichzeitig ist das Seemannshus eine Filiale des Langeooger Standesamtes, wo man sich **in der historischen Friesenstube** trauen lassen kann. Eine Trauung kostet 285 €. 2017 gaben sich hier 190 Paare das Ja-Wort. Seit Ende 1999 gibt es die **Tradition des sogenannten Hochzeitssteins:** Die Initialen des Paares und das Hochzeitsdatum werden in einen Klinker graviert, der dann auf dem Hochzeitpfad rund um das Seemannshus einen Platz findet.

☑ Eine bleibende Erinnerung: die Hochzeitssteine vor dem Seemannshus

lan18_003.sk

■ **Info:** Tel. 693123; unter dieser Nummer meldet sich das Standesamt im Rathaus, wo Heiraten ebenfalls möglich ist. Mehr Infos auf Anfrage unter standesamt@langeoog.de. Zu finden ist das außen zum Teil hübsch mit Efeu bewachsene Gebäude an der Ecke Caspar-Döring-Pad/Rudolf-Eucken-Weg. Öffnungszeiten und Gruppenführungen auf Anfrage bei *Hendrik Tongers* (Tel. 861). Eintritt frei, Spende willkommen.

Seenotrettungsboote

Museums-
rettungsboot
„Langeoog"

Vor dem „Haus der Insel" steht das Museumsrettungsboot „Langeoog" **im Original,** hoch und trocken. Das 14-Meter-Schiff wurde 1945 auf der Insel stationiert und war bis zu seiner Ausmusterung im Jahr 1980 an der Seenotrettung von 945 Personen beteiligt, zuständig für eilige Krankentransporte zum Festland und im Winter als Eisbrecher tätig.

Das 1944 auf der Pahl-Werft in Hamburg-Finkenwerder gebaute, 4,55 Meter breite Schiff hatte einen Tiefgang von 1,38 Meter und war mit einer Höchstgeschwindigkeit von 8,5 Knoten (gut 15 km/h) unterwegs. Zuletzt war es mit Funk, Echolot und Radar ausgestattet. Seinen Platz vor dem „Haus der Insel" erhielt es anlässlich der Feiern „150 Jahre Nordseebad Langeoog".

lan18_004.sk

■ **Info:** Begehbar Di/Do 10–12 Uhr; der Eintritt ist frei, eine Spende für die See-notretter herzlich willkommen.

Seenot-rettungsboot „Secretarius"

Im Jachthafen von Langeoog stationiert liegt das Seenotret-tungsboot „Secretarius", das im Sommer 2017 die „Casper Ot-ten" ablöste, die nun auf Rügen Dienst tut. Das Boot hat lediglich 96 Zentimeter Tiefgang und ist damit für das anspruchsvolle Ti-denrevier mit seinen vielen Sandbänken rund um die Insel be-sonders gut geeignet. **Betreten ist nicht erlaubt.** Nicht nur weil wenig Platz auf dem kleinen Fahrzeug ist, sondern weil sich das Schiffchen mit seiner ehrenamtlichen Mannschaft ständig in Einsatzbereitschaft und damit sozusagen permanent auf dem Sprung befindet. Gebaut wurde das Boot im Herbst 2016 auf der Fassmer-Werft in Berne/Wesermarsch im Rahmen der turnus-mäßigen Modernisierung der DGzRS-Rettungsflotte. Neben Rettungseinsätzen gehören auch Krankentransporte zum Alltag der Crew um Vormann *Sven Klette,* die jährlich zwischen 50 und 100 Einsätze fährt. Das 10,10 Meter lange und 3,60 Meter breite Boot ist dank eines 380 PS starken Ein-Propeller-Antriebs mit bis zu 18 Knoten (rund 33 km/h) unterwegs.

☑ Die „MS Flinthörn" und das Seenotrettungsboot „Secretarius" im Hafen von Langeoog

Rausfahren, wenn andere rein-kommen – die DGzRS auf Langeoog

Rund 50 Schiffe verunglückten Mitte des 19. Jahrhunderts jährlich vor den deutschen Nordseeinseln. Es war dann der **Untergang des Auswandererschiffes „Johanne"**, einer Dreimastbark auf dem Weg von Bremerhaven nach Baltimore, der entscheidend zur Gründung der Deutschen Gesellschaft zur Rettung Schiffbrüchiger (DGzRS) beitrug. Das Schiff ging am 6. November 1854 vor Spiekeroog verloren, 84 Menschen kamen dabei ums Leben. Die Katastrophe ließ den Ruf zur Gründung eines nationalen Rettungswerkes lauter werden. **1861** gründeten sich – noch unabhängig voneinander – erste Rettungsvereine in Emden, Bremerhaven und Hamburg, auf Langeoog und Juist wurden die ersten Rettungsstationen eingerichtet. Am 29. Mai **1865** vereinigten sich diese Gesellschaften in Kiel zur DGzRS – spät nach den Maßstäben

lan18_006 sk

der Nachbarländer. In den Niederlanden und Großbritannien gab es eine Organisation dieser Art bereits seit 1824.

Aber es war noch nicht zu spät. Die frisch etablierte Rettungsorganisation ging sofort mit großer Energie ans Werk. Eine der Rettungsstationen, die sich in **gefahrvollen Einsätzen** besonders hervortat, war Langeoog. Im Mai 1867 wurde die Besatzung des Seglers „Swaantje" vom Norder Riff gerettet. Unter der Langeooger Bootsmannschaft befand sich auch – unerhört für die damalige Zeit, doch auf der Insel nichts Ungewöhnliches – eine Frau. Drei Jahre später konnten die Insulaner 13 Personen von der Stralsunder Bark „Tusnelda" aus schwerer Seenot abbergen. Und die Liste setzt sich durch die Jahre stetig fort ...

Zur Wende ins 20. Jahrhundert blickten die ostfriesischen Stationen der DGzRS auf 678 Rettungen zurück, Langeoog war mit 68 dabei.

Erstmals wurde **1919** die **Seenotrettung eines notgewasserten Flugzeugs** verzeichnet, zwar nicht durch das offizielle Boot, sondern durch den Bensersieler Fährdampfer – immerhin auch ein Langeooger. 1942 fuhren die Insulaner zum letzten Mal einen Einsatz mit dem Ruderrettungsboot; Langeoog zählte zu den letzten Stationen, die **motorisierte Seenotboote** erhielten.

Das **Revier der Langeooger Seenotretter** reicht über das Wattenmeer bis zum Festland, zu den Nachbarinseln Baltrum und Spiekeroog sowie an der Nordseite der Insel hinaus auf die offene See. Dem aktuellen Vormann *Sven Klette* stehen rund 15 freiwillige Seenotretter zur Seite. Ältere Berichte der Langeooger Vormänner über ihre Einsätze sind im Schiffahrtsmuseum einzusehen. Auch findet im „Haus der Insel" regelmäßig ein Filmvortrag über die Seenotretter und

ihre Einsätze auf Langeoog statt. Die **Aussichtsdüne,** auf der bis 2014 die Seenotbeobachtungsstation lag, wird von den Langeooger noch heute „Tjard sin Utkiek" genannt, Tjards Ausguck, da hier *Tjard Georg Mannott* bei Sturm nach Schiffen in Seenot Ausschau hielt.

Die DGzRS verfügt heute über eine Flotte von **60 Seenotrettungskreuzern und -booten** auf **54 Stationen** in Nord- und Ostsee, die von der Seenotleitung in Bremen koordiniert werden. Sie hat seit ihrer Gründung Zehntausende von Menschen aus Seenot gerettet. Und das nicht nur bei spektakulären Schiffsuntergängen. Auch der Transport von erkrankten oder verletzten Menschen von Seeschiffen, Halligen oder Inseln aufs Festland, verirrte Wattwanderer, gekenterte Sportsegler und auf die hohe See hinausgetragene Schwimmer stehen auf der **Erfolgsliste** der Gesellschaft. Jeder Inselgast kann einmal auf die Dienste der uneigennützigen Retter angewiesen sein. Man sollte sie deshalb unterstützen, denn die Arbeit der DGzRS wird ausschließlich aus **freiwilligen Spenden** finanziert. Wer sich daran beteiligen möchte:

● **Spendenkonto:**
Deutsche Gesellschaft zur Rettung Schiffbrüchiger, Sparkasse Bremen IBAN DE 36 2905 0101 0001 0720 16, BIC SBREDE22; die Spenden sind steuerlich absetzbar.

◁ Seit 1980 an Land:
das Museumsrettungsboot „Langeoog"

Wasserturm

**Langeooger
Wahrzeichen**

Am Langeooger Wahrzeichen kann man nicht vorbeigucken. Markant steht der **18 m hohe Turm auf der Kaapdüne** am seeseitigen Ende der Hauptstraße und dominiert in weitem Umkreis das gesamte Geschehen. Viele tausend Male hat man ihn bestimmt schon fotografiert, und er lädt, pittoresk wie er ist, zu immer neuen Aufnahmen ein.

Das Original wurde **1909 fertiggestellt** und galt damals – ebenso wie die gleichzeitig gebaute Kanalisation – als „Symbol des Fortschritts". Dem Bau vorausgegangen war im Jahr 1906 eine schwere Sturmflut, bei der über Nacht ein Großteil der damals vorhandenen Hausbrunnen versalzen wurde. Die Wasserknappheit während der warmen Sommermonate und die immer zahlreicher werdenden Badegäste taten ihr Übriges, dass der Gemeindeausschuss den teuren Bau genehmigte. Der Wassertank auf dem Sockel fasste rund 100 Kubikmeter Wasser. Bereits nach dem Ersten Weltkrieg gab der Turm ein beliebtes Ausflugs- und Auslugsziel ab. Von einer Plattform in 33 m luftiger Höhe (dank der über 10 m hohen Düne) konnte man – damals wie heute – weit über Langeoog und die Nachbarinseln hinwegblicken und bei guter Sicht sogar Helgoland erspähen.

Für die Trinkwasserversorgung wird der Turm seit 1996 nicht mehr genutzt. Zu seinem 100-jährigen Bestehen **2009** wurde er **aufwendig restauriert.** Im Sockel des Turms, über dessen Eingang das Inselwappen prangt, ist eine kleine Ausstellung zur Geschichte des Bauwerks zu sehen.

■ **Info:** Geöffnet ist der Turm in der Hauptsaison von Mo bis Fr 10–12 Uhr; etwaige Änderungen werden auf einem Aushang am Turm vermerkt. Bei Vorlage der Langeoog-Card ist der Eintritt (einmalig) frei.

⊳ Bronzestatue von Lale Andersen am Wasserturm

1

SCHIFFAHRT LANG

2

Allgemeine Reisetipps

◁ Am Hafenterminal in Bensersiel

Anreise und Orientierung

Anreise mit dem Auto

Bis Bensersiel

Die meisten Inselbesucher rollen mit dem eigenen Fahrzeug an. Im Prinzip ist die automobile Anfahrt einfach: Man fährt in Richtung Norden, bis nur noch Wasser kommt; dann ist man da. Vorher sind, je nach Abfahrtsort, die Knotenpunkte **Aurich** (von Westen über die B72) oder **Wittmund** (von Osten, A29 bis Autobahnkreuz Wilhelmshaven, dann über die B210) anzusteuern; dort ist Bensersiel mit der **Langeoog-Fähre** schon überall ausgeschildert.

Parken in Bensersiel

Am Deich ist Schluss mit der Selbstfahrt. **Langeoog ist autofrei,** jedenfalls für Pkw. Auch für behinderte Menschen gibt es keine Ausnahmen; die Insel stellt genügend Alternativen bereit (siehe weiter unten „Fortbewegung"). Wer also mit dem **Pkw** anreist, muss ihn **für die Dauer des Inselaufenthalts auf dem Festland abstellen.** Dafür bieten sich in Bensersiel folgende Möglichkeiten an:

3 **Autogaragen Arians GmbH,** Am Hafen 12, 26427 Bensersiel, Tel. 04971/887, pro angefangenem Tag: Parkplatz 3,80 €, Carport 4,50 €, Halle 5 €, Garage 5,50 €, keine Reservierung möglich, auch Kartenzahlung.

4 **Graef's Garagen,** Hauptstr. 1, 26427 Bensersiel, Tel. 04971/833, www.graefs-garagen.de; 5 Gehminuten bis zum Anleger, Einzelgarage 6,50 €/Tag, Parkplatz 3,25 €/Tag, Einzelgaragen sollten frühzeitig reserviert werden. Hier können in der Zwischenzeit Reparaturen erledigt werden, Kartenzahlung möglich.

 Inselparkplätze GmbH, Am Hafen, 26427 Bensersiel, Tel. 04971/3100, Tages- und Langzeitplätze direkt am Fähranleger, 1. bis 3. angefangener Tag 5 €, dann 4,50 € pro angefangenem Tag, www.inselparkplaetze.de, keine Reservierung möglich, nur Barzahlung bei Abgabe des Wagens.

lan18_046 sk

Allgemeine Reisetipps

2 **Tagesparkplatz,** direkt am Fähranleger, 5 €.

■ Außerdem in Esens (mit Zubringer- und Abholservice): **Autohaus Janssen,** Bensersieler Str. 31, 26427 Esens, Tel. 04971/92320, Parkplatz 5 € pro Tag, Ersatzautoschlüssel auf der Hinfahrt abgeben, dann das Auto am Hafen abstellen, dort kann es auch wieder abgeholt werden (jeweils 2 € für Zustellung und Abholung).

Anreise mit dem Mietwagen

Europcar

Wer mit einem Auto von Europcar anreist, kann seinen **Mietwagenschlüssel** direkt am Schalter der Schiffahrt Langeoog abgeben und erhält dort später auch den Schlüssel für die Rückfahrt.

■ **Kontakt** über Europcar Autovermietung Janssen in Esens, www.autohaus-esens.de, Tel. 04971/92320.

Anreise mit der Bahn

Endpunkte

Endpunkte sind **Esens** (NordWestBahn) bzw. **Norden** (DB). Von dort gibt es fahrplangerechte **Busanschlüsse** direkt **zum Fähranleger in Bensersiel.** Aufgrund des Ausbaus der Bahnstrecke zum JadeWeserPort verkehrt auf der Strecke der NordWestBahn bis voraussichtlich Ende 2019 zwischen Oldenburg und Bensersiel/Fähranleger ein Ersatzbus an den Wochenenden. Nähere Infos unter www.nordwestbahn.de.

Gepäck

Die Bahn kann für die **Beförderung** des Reisegepäcks **bis zur Unterkunft auf Langeoog** (und natürlich auch retour) sorgen. Informationen über die Preise erhält man in jedem Bahnhof.

Anreise mit dem Bus

Flixbus fährt direkt zum Anleger in Bensersiel; Servicetel. 0180/5159915 (kostenpflichtig, weitere Infos: www.flixbus.de). Der **Ostfriesland-Express** fährt vom Hauptbahnhof Bremen bis zum Fähranleger (Voranmeldung bis 1 Stunde vor Abfahrt notwendig, www.ostfrieslandexpress.de); Tel. 04971/92580.

◁ Der Jachthafen von Langeoog

Anreise mit dem Flugzeug

Nur möglich mit dem **Charterflieger von den Flughäfen Harle oder Norddeich** (siehe unter www.inselflieger.de) sowie Emden (www.fliegofd.de, Preise auf Anfrage) oder mit dem eigenen Flugzeug. Der **Flugplatz** am südöstlichen Ortseingang von Langeoog ist zugelassen für Flugzeuge bis 2000 kg, Motorsegler, Helikopter bis 5700 kg und Ultraleichtflugzeuge. Er ist ganzjährig täglich von 9–13 und 15–19 Uhr geöffnet, Flüge außerhalb dieser Zeiten auf Anfrage; Tel. 04972/693295.

⌄ Warten auf die nächste Fähre am Hafen von Bensersiel

2

Gruppenreisen

Bei der Planung dieser Reisemöglichkeit hilft der **insulare Ur-laubsservice** mit Rat und Informationen unter Tel. 04972/693 266 oder per Mail an gruppen@langeoog.de.

LangeoogCard

Fähr- und Gästekarte

Im Fährhaus Bensersiel erhält man die gleichzeitig als Fähr- und Gästekarte fungierende LangeoogCard aus Plastik. Bei An-gabe des geplanten Inselaufenthalts wird der Gästebeitrag mit verbucht, ggf. auch eine Strandkorbmiete. Die Karte ist Fährkar-te, Gästekarte und Eintrittskarte in einem und ermöglicht die kostenlose Inanspruchnahme vieler Angebote. Bahnreisende,

lan18_009 sk

2

Hafen Bensersiel

0 ▬▬▬ 200 m © REISE KNOW-HOW

Anleger für
Fahrgastschiffe
Langeoog I bis IV

P 1

Am Hafen

Zufahrt
Fahrgastverkehr
Langeoog

P 2

Hafen

P 3

Rotzmense

Liegeplatz
MS Flinthörn

Neuharlingersiel

Hauptstraße

Alter Stelweg

4 P

Hauptstr.

Bensersieler Str.

L5

Westeraccumersiel

L5

Bensersieler Straße

L8

Esens

P 1 Inselparkplätze GmbH
P 2 Tagesparkplätze
P 3 Autogaragen Arians GmbH
P 4 Graefs Garagen
   Autozufahrt zum Hafen

die bis Langeoog durchgebucht haben, was ohne Weiteres möglich ist, erhalten das Kärtchen gegen Vorlage ihres Bahntickets. Noch einfacher ist die **Online-Vorbestellung,** die mindestens vier Wochen vor Reiseantritt erfolgen muss. Das geht über www.vorbestellung.langeoog.de, alternativ **Fax** 04972/693268 oder **Brief** an Tourismus-Service Langeoog, Hauptstr. 28, 26465 Langeoog. Auch das jährlich im Herbst aktualisierte Gastgeberverzeichnis enthält ein Antragsformular. Auf diese Weise kann auch der Transport des Gepäcks von Bensersiel zur Unterkunft (und zurück, Stückpreis bis 20 kg: 9 €) sowie die Strandkorbmiete im Voraus arrangiert werden. Die Karte wird dann ins Haus geschickt, und man kann in Bensersiel direkt an Bord gehen.

Überfahrt mit der Fähre

Fester Fahrplan

Die Langeoog-Fähren sind **nicht von den Gezeiten abhängig** und verkehren somit nach einem festen Fahrplan. Sofern Wind und Wetter mitspielen, wird dieser Fahrplan auch eingehalten. Bei schwerem Sturm oder Eisgang (der immer unwahrscheinlicher wird) kann es natürlich zu Verschiebungen kommen. In dem seltenen Fall, dass dauerhafte Südostwinde zu extremem Niedrigwasser führen, bleiben die Fähren unter Umständen auch liegen. **Gefahren wird bis Windstärke 10,** danach liegt ein Auslaufen im Ermessen des jeweiligen Kapitäns.

Genaue Termine

Die Fahrpläne weiter unten gelten für das Jahr **2018.** Für die Folgejahre sollte man sich per Telefon oder im Internet informieren. Generell kann man sich merken, dass die Fähren **vom Beginn der Osterferien bis zum Ende der Herbstferien** in Nordrhein-Westfalen und Niedersachsen bis zu achtmal täglich fahren. Einzige Ausnahme sind einige Wochen im Anschluss an die Osterferien, in denen – wie in der übrigen Zeit des Jahres – bis zu sechs Fährverbindungen täglich bestehen.

Warten „wegen zu großen Andrangs" muss man im Grunde nicht. Die Fähren haben genügend Kapazität, und zu ausgesprochenen Stoßzeiten werden zusätzliche Schiffe eingesetzt. Die reine Fahrtzeit auf dem Schiff beträgt etwa **35 Minuten.**

■ **Info:** Schiffahrt der Inselgemeinde Langeoog, Fahrkartenausgabe Bensersiel, Tel. 04971/92890; Langeoog (Bahnhof): Tel. 04972/693260. Über die Servicenummer 04971/928925 gibt es eine automatische Ansage der täglichen Abfahrtszeiten. Kontakt per E-Mail: schiffahrt@langeoog.de (bitte auf die zwei F achten, sonst klappt es nicht – die Reederei hat die Umstellung auf drei F nicht mitgemacht). Kurzfristig angesetzte Zusatzfahrten oder wetterbedingte Ausfälle von Verbindungen finden sich auch auf Facebook: FB Schiffahrt Langeoog.

Gepäck

Im Fährhafen Bensersiel sowie am Inselbahnhof Langeoog müssen die Passagiere ihr Reisegepäck zur **separaten Beförderung in Containern** aufgeben. Dafür sind 3,50 € pro Gepäckstück bis 20 kg (hin und zurück) zu zahlen. Größeres kostet mehr, so ein Surfbrett 20 € oder ein Golftrolley 8 €. Diese Regelung dient der Sicherheit der Fahrgäste, damit die Fluchtwege auf den Schiffen im Ernstfall nicht durch Koffer und Taschen blockiert werden. Kleinere Rucksäcke und Handgepäck sind ausgenommen. Man sollte sich die Nummer des Containers merken, um am Bahnhof Langeoog das eigene Gepäck schneller zu finden.

2

Rauchen

Die Langeoog-Fähren sind **generell rauchfrei.** Bis auf Weiteres wird das Rauchen auf dem offenen Oberdeck jedoch toleriert.

Gastronomie

Für viele Reisende ist die Bockwurst mit Senf ein lieb gewonnenes Ritual. Die **Restauration an Bord** bietet neben dieser auch Frikadellen, Schnitzel und Kartoffelsalat sowie verschiedene warme und kalte Getränke und Süßigkeiten an. Um Müll zu vermeiden, verkauft die Schiffahrt Langeoog seit 2017 an Bord einen eigenen Mehrwegbecher. Bei Nutzung des Bechers gibt es auf heiße (alkoholfreie) Getränke einen Rabatt.

lan16_013 rh

2

Fährtarife

- **Personen ab 16 Jahren:** 25,20 €
- **Kind** (6–15 Jahre): 15,20 €
- **Hund:** 24,00 €
- **Fahrrad** (auch Klapprad): 24,00 €
- **Kinderfahrrad** (bis 20 Zoll/zählt als Gepäckstück): 3,50 €
- **E-Rad:** 30,00 €

Die Tarife gelten für das Jahr 2018 und für die Hin- und Rückbeförderung.

☑ Zwei der insgesamt vier Passagierschiffe Langeoogs

Fährzeiten 2018

Ab Fähranleger Bensersiel

Mit dem Schiff zum Fähranleger Langeoog und im direkten Anschluss per Inselbahn in den Ort, Fahrtdauer insgesamt **ca. 60 Min.**

Bis zu sechs Fährverbindungen täglich in der Zeit vom 6.11.2017 bis 16.3. 2018, 9.4. bis 4.5.2018 sowie ab 29.10.2018:

- 6.45 Uhr, Mo–Fr*
- 9.30 Uhr, täglich
- 13.30 Uhr, täglich
- 15.30 Uhr, täglich
- 17.30 Uhr, täglich
- 19.30 Uhr, Fr*

Bis zu acht Fährverbindungen täglich in der Zeit vom 17.3. bis 8.4.2018 und 5.5. bis 28.10.2018:

- 6.45 Uhr, Mo–Sa***
- 8.20 Uhr, täglich
- 9.30 Uhr, täglich
- 11.30 Uhr, täglich
- 13.30 Uhr, täglich
- 16.00 Uhr, täglich
- 17.30 Uhr, täglich
- 19.00 Uhr, So
- 19.30 Uhr, Fr** ***

Ab Inselbahnhof Langeoog

Mit der Inselbahn zum Fähranleger Langeoog und im direkten Anschluss mit dem Schiff nach Bensersiel; die Abfahrtszeiten gelten ab Inselbahnhof.

Bis zu sechs Fährverbindungen täglich in der Zeit vom 6.11.2017 bis 16.3. 2018, 9.4. bis 4.5.2018 sowie ab 29.10.2018:

- 7.10 Uhr, Mo–Fr*
- 8.20 Uhr, täglich
- 11.30 Uhr, täglich
- 14.30 Uhr, Fr–So
- 16.30 Uhr, täglich
- 18.00 Uhr, täglich außer Sa

Bis zu acht Fährverbindungen täglich in der Zeit vom 17.3. bis 8.4.2018 und 5.5. bis 28.10.2018:

- 7.10 Uhr, Mo–Sa***
- 8.20 Uhr, täglich
- 9.30 Uhr, täglich

2

SCHIFFSFAHRPLAN

Nach Langeoog

Ab *Fähranleger Bensersiel* zum Fähranleger *Langeoog*. Im Anschluss per Inselbahn in den Ort. Fahrtdauer durchschnittlich ca. 60 Minuten.

Ab Langeoog

Ab *Inselbahnhof Langeoog* zum Fähranleger *Langeoog*. Im Anschluss mit dem Schiff nach Bensersiel. Abfahrtszeiten gelten ab Inselbahnhof Langeoog.

06.11.2017 bis 16.03.2018

Nach Langeoog

MO	DI	MI	DO	FR	SA	SO
06.45[1]	06.45[1]	06.45[1]	06.45[1]	06.45[1]	–	–
09.30	09.30	09.30	09.30	09.30	09.30	09.30
13.30	13.30	13.30	13.30	13.30	13.30	13.30
15.30	15.30	15.30	15.30	15.30	15.30	15.30
17.30	17.30	17.30	17.30	17.30	17.30	17.30
–	–	–	–	19.30[1]	–	–

Ab Langeoog

MO	DI	MI	DO	FR	SA	SO
07.10[1]	07.10[1]	07.10[1]	07.10[1]	07.10[1]	–	–
08.20	08.20	08.20	08.20	08.20	08.20	08.20
11.30	11.30	11.30	11.30	11.30	11.30	11.30
–	–	–	–	14.30	14.30	14.30
16.30	16.30	16.30	16.30	16.30	16.30	16.30
18.00	18.00	18.00	18.00	18.00	–	18.00

17.03. bis 08.04.2018

Nach Langeoog

MO	DI	MI	DO	FR	SA	SO
06.45[1]	06.45[1]	06.45[1]	06.45[1]	06.45[1]	06.45[1]	–
08.20	08.20	08.20	08.20	08.20	08.20	08.20
09.30	09.30	09.30	09.30	09.30	09.30	09.30
11.30	11.30	11.30	11.30	11.30	11.30	11.30
13.30	13.30	13.30	13.30	13.30	13.30	13.30
16.00	16.00	16.00	16.00	16.00	16.00	16.00
17.30	17.30	17.30	17.30	17.30	17.30	17.30
–	–	–	–	19.30[2,3]	–	19.00

Ab Langeoog

MO	DI	MI	DO	FR	SA	SO
07.10[1]	07.10[1]	07.10[1]	07.10[1]	07.10[1]	07.10[1]	–
08.20	08.20	08.20	08.20	08.20	08.20	08.20
09.30	09.30	09.30	09.30	09.30	09.30	09.30
11.30	11.30	11.30	11.30	11.30	11.30	11.30
13.30	13.30	13.30	13.30	13.30	13.30	13.30
16.00	16.00	16.00	16.00	16.00	16.00	16.00
17.30	17.30	17.30	17.30	17.30	17.30	17.30
–	–	–	–	20.00[2,3]	–	19.30

09.04. bis 04.05.2018

Nach Langeoog

MO	DI	MI	DO	FR	SA	SO
06.45[1]	06.45[1]	06.45[1]	06.45[1]	06.45[1]	–	–
09.30	09.30	09.30	09.30	09.30	09.30	09.30
13.30	13.30	13.30	13.30	13.30	13.30	13.30
15.30	15.30	15.30	15.30	15.30	15.30	15.30
17.30	17.30	17.30	17.30	17.30	17.30	17.30
–	–	–	–	19.30[1]	–	–

Ab Langeoog

MO	DI	MI	DO	FR	SA	SO
07.10[1]	07.10[1]	07.10[1]	07.10[1]	07.10[1]	–	–
08.20	08.20	08.20	08.20	08.20	08.20	08.20
11.30	11.30	11.30	11.30	11.30	11.30	11.30
–	–	–	–	14.30	14.30	14.30
16.30	16.30	16.30	16.30	16.30	16.30	16.30
18.00	18.00	18.00	18.00	18.00	–	18.00

05.05. bis 28.10.2018

Nach Langeoog

MO	DI	MI	DO	FR	SA	SO
06.45[2]	06.45[1]	06.45[1]	06.45[1]	06.45[1]	06.45[1]	–
08.20	08.20	08.20	08.20	08.20	08.20	08.20
09.30	09.30	09.30	09.30	09.30	09.30	09.30
11.30	11.30	11.30	11.30	11.30	11.30	11.30
13.30	13.30	13.30	13.30	13.30	13.30	13.30
16.00	16.00	16.00	16.00	16.00	16.00	16.00
17.30	17.30	17.30	17.30	17.30	17.30	17.30
–	–	–	–	19.30[2,3]	–	19.00

Ab Langeoog

MO	DI	MI	DO	FR	SA	SO
07.10[1]	07.10[3]	07.10[3]	07.10[3]	07.10[1]	07.10[1]	–
08.20	08.20	08.20	08.20	08.20	08.20	08.20
09.30	09.30	09.30	09.30	09.30	09.30	09.30
11.30	11.30	11.30	11.30	11.30	11.30	11.30
13.30	13.30	13.30	13.30	13.30	13.30	13.30
16.00	16.00	16.00	16.00	16.00	16.00	16.00
17.30	17.30	17.30	17.30	17.30	17.30	17.30
–	–	–	–	20.00[2,3]	–	19.30

ab 29.10.2018

Nach Langeoog

MO	DI	MI	DO	FR	SA	SO
06.45[1]	06.45[1]	06.45[1]	06.45[1]	06.45[1]	–	–
09.30	09.30	09.30	09.30	09.30	09.30	09.30
13.30	13.30	13.30	13.30	13.30	13.30	13.30
15.30	15.30	15.30	15.30	15.30	15.30	15.30
17.30	17.30	17.30	17.30	17.30	17.30	17.30
–	–	–	–	19.30[1]	–	–

Ab Langeoog

MO	DI	MI	DO	FR	SA	SO
07.10[1]	07.10[1]	07.10[1]	07.10[1]	07.10[1]	–	–
08.20	08.20	08.20	08.20	08.20	08.20	08.20
11.30	11.30	11.30	11.30	11.30	11.30	11.30
–	–	–	–	14.30	14.30	14.30
16.30	16.30	16.30	16.30	16.30	16.30	16.30
18.00	18.00	18.00	18.00	18.00	–	18.00

Änderungen der Fahrtdauer und der Abfahrtszeiten aufgrund höherer Gewalt, insbesondere Wind und Wetter, vorbehalten.

Siehe auch unter
www.langeoog.de

[1] Fährt nicht an Feiertagen, fährt nicht am 24. und 31.12.2017/2018.
[2] Fährt auch am 29.03., 09.05. und 31.05.2018.
[3] Fährt nicht an Feiertagen.

- 11.30 Uhr, täglich
- 13.30 Uhr, täglich
- 16.00 Uhr, täglich
- 17.30 Uhr, täglich
- 19.30 Uhr, So
- 20.00 Uhr** ***

*) nicht an Feiertagen, nicht am 24.12. und 31.12.
**) auch am 29.3., 9.5. und 31.5.2018
***) nicht an Feiertagen

Weiter mit der Inselbahn

Bei Ankunft der Fähre im Langeooger Hafen steigen die Passagiere in einen bereitstehenden Zug der Inselbahn ein, der sie die gut **2,5 km in den Ort** befördert. Der Preis für diese Fahrt ist in der Fährpassage enthalten. Die **Container mit dem Gepäck** reisen mit und werden am Bahnhof ausgeladen. Dort wartet der Gepäckdienst Heyken schon, um die Koffer bei Bedarf zur Unterkunft weiter zu befördern (3 € pro Gepäckstück bis 20 kg, 6 € pro Gepäckstück bis 30 kg, one way; Gepäck über 30 kg sowie Fahrräder, Bollerwagen und Golftrolleys werden vom Gepäckdienst nicht befördert). Eine Vorausbestellung (Tel. 04972/6060, www.gepaeckdienst-heyken.de) empfiehlt sich, weil die Firma in der Hauptsaison viel zu tun hat.

Die **Waggons** der Züge sind verschiedenfarbig. Der rote Wagen ist Passagieren mit Rollgeräten vorbehalten; er gewährt ein barrierefreies Ein- und Aussteigen.

Die **Rückreise** vollzieht sich auf dieselbe Art. Großes Gepäck wird zur Umladung in Container im Inselbahnhof abgeliefert und geht nach Bensersiel, wo es im dortigen Terminal wieder in Empfang genommen werden kann.

Zusätzliche Fährverbindung

Seit Anfang April 2017 bietet auch Kapitän *Holger Damwerth* mit seinem **Ausflugs- und Fährschiff „MS Flinthörn"** eine regelmäßige Fährverbindung zwischen Bensersiel und Fährhafen Langeoog an. Auf die Insel geht es morgens um 9.15 Uhr oder nachmittags ab 17.15 Uhr (jeweils mit Inselbahnanschluss). Ab Langeoog Hafen startet das Schiff jeweils um 8 Uhr (ohne Inselbahnanschluss) sowie ab 16 Uhr ab Langeoog Inselbahnhof (mit

> Mit der Inselbahn geht es in wenigen Minuten in den Ort

Inselbahnanschluss). Das Gepäck wird von den Fahrgästen mit an Bord genommen und dann vom Fähranleger per E-Karre zum Inselbahnhof transportiert.

■ **Info und Tickets: Reederei Damwerth,** Um Süd 16, Tel. 9907070, Bordtelefon: 0175/1630529, www.ms-flinthoern.de. Hin- und Rückfahrt für Erwachsene 20 €, für Kinder 12 €, Familienticket 55 € (2 Erwachsene, 2 Kinder).

Anreise mit dem eigenen Boot

Jachthafen

Der Langeooger Jachthafen bietet Sportseglern **150 Liegeplätze,** von denen 90 Plätze an der Ostseite der Anlage an Gäste vermietet werden (Liegegeld pro Tag je nach Bootslänge zwischen 8 €/ 6 m und 49 €/20 m). Jeder Liegeplatz hat einen Landstrom- und einen Frischwasseranschluss. Im Clubhaus des Seglervereins Langeoog, **„Kajüte am Hafen"** (Tel. 1718, siehe auch unter „Gastronomie"), direkt am Anleger gibt es ein Restaurant, außerdem Duschen und WCs. Der **Stegwart** ist unter Tel. 0173/8832567 oder stegwart@sv-langeoog.de zu erreichen. Obwohl der Jachthafen regelmäßig ausgebaggert wird, fällt er zum Teil trocken. Nicht jeder Liegeplatz ist deshalb bei Niedrigwasser zu erreichen oder zu verlassen. Bei Hochwasser beträgt die Wassertiefe 3 bis 4 Meter, bei Niedrigwasser rund 1 Meter. Weitere Informationen auch beim Seglerverein Langeoog, www.sv-langeoog.de.

lan18_007 sk

Die schönste Reisezeit

Beständig ist nur der Wetterwechsel

Die Bundesrepublik, mitsamt Langeoog, befindet sich in Breiten ständigen Wetterwechsels – *panta rhei,* alles fließt. Deutschlands Norden und die Nordsee liegen überdies im Bereich der sogenannten **Westwinddrift,** der regulären Zugbahn atlantischer Tiefdruckgebiete, die nicht für Gutwetter bekannt sind. Das Mitführen des „Friesennerzes", wie die gelbe Wetterkleidung an der Küste genannt wird, empfiehlt sich also allemal, und auf die Mitnahme eines Pullovers sollte man auch bei der größten momentanen Hitze nicht verzichten.

Nur wenige Wetterdienste erstellen gesonderte Vorhersagen für die Ostfriesischen Inseln, dabei unterscheidet sich das Wetter auf dem Festland vom **Wetter** auf den Inseln mitunter beträchtlich. Wer eine präzise **Vorhersage** für Langeoog sucht, klickt auf der Internetseite www.langeoognews.de in der linken Spalte unter „Langeoog Aktuell" auf den Begriff „Wetter" und findet dort u.a. die 4-Tages-Prognose der Wetterstation am Langeooger Flugplatz.

Hochsommer

Unter den diversen Wetterlagen ist der Hochsommer die schönste. Die Wahrscheinlichkeit für eine Schönwetter- und Hitzeperiode ist von **Mitte Juli bis Mitte August** am höchsten. Windstille, schwülwarme Nächte im Juli und August halten auch ein Naturschauspiel der besonderen Art bereit: Wer Glück hat, erlebt am Strand das **bläulich-grüne Meeresleuchten,** hervorgerufen durch Millionen mikroskopisch kleiner Einzeller.

> Immer wieder schön: Sonnenuntergang am Meer

Übers Jahr

Der schöne Sommer ist allerdings mit einem Pferdefuß behaftet, denn in dieser Saison drängt alles auf die Insel, und die Unterkünfte sind dann komplett ausgebucht. Außerdem ist **Ferienzeit,** die zu noch mehr Gedränge führt. Wer die Wahl hat, sollte sich für die jeweilige Nebensaison unmittelbar vor oder nach dem Sommer entscheiden. Im **Frühjahr** bietet sich die Natur besonders reizvoll dar, der **Herbst** wiederum bringt unvergleichliche Lichteffekte und prächtige Farben mit sich. Die beste Zeit, die Dynamik, die Gewalt der Nordsee und des Windes zu erfahren, ist jedoch die **winterliche Sturmsaison.** Bei einer Strandwanderung an einem stürmischen Wintertag kann man miterleben, wie viel Sand allein durch die Kraft des Windes bewegt wird. Das hautnahe Erlebnis der bei einer Sturmflut an den Tag gelegten unbändigen Kraft ist absolut eindrucksvoll und unvergesslich. Wer andererseits die Stille sucht, wird sie im Langeooger Winter mit seinen einsamen Stränden, den raureifbedeckten Dünen und der klaren Wintersonne ganz besonders intensiv genießen können. Dass auch die Preise dann am niedrigsten sind, sei nur nebenbei erwähnt.

Allgemeine Reisetipps

lan16_016 tc

Unterkunft
suchen und buchen

**Gastgeber-
verzeichnis**

Das Langeooger Gastgeberverzeichnis des Tourismus-Service erscheint jährlich aktualisiert im Herbst und enthält einen umfassenden **Überblick über die Hotels, Pensionen und Ferienwohnungen** der Insel. Es kann auf www.langeoog.de kostenfrei bestellt oder auch direkt als pdf-Dokument heruntergeladen werden. Ebenfalls auf www.langeoog.de findet sich das Buchungsportal des Tourismus-Service mit zahlreichen Möglichkeiten die eigene Suche zu konkretisieren.

**Private
Anbieter**

Zahlreiche weitere (private) Vermittler bieten vor Ort sowie im Internet eine **große Auswahl an Apartments, Ferienwohnungen und -häusern** an. Auch hier kann die eigene Anfrage durch Angabe verschiedenster Suchkriterien präzisiert werden:

- **„Insel-Info",** Barkhausenstr. 6, Tel. 911990, www.langeoog-online.de und www.seeurlaub-fewo.de.
- **„Die Inselvermietung",** Büro am neuen Hauptbad, Kavalierpad 12, Tel. 912923, www.langeoog-nordsee.de.
- **„Seewohnen",** Barkhausenstr. 24, Tel. 91000, www.seewohnen.de. Strandvillen, Ferienhäuser und -wohnungen. Angebote auch in einem jährlich aktualisierten Katalog.

Preise

Das Preisniveau der Unterkünfte – insbesondere in den Schulferien – ist **höher als auf dem ostfriesischen Festland.** Für eine Ferienwohnung (4 Personen, 2 Schlafzimmer) muss man in der Hauptsaison mit rund 100 Euro/Nacht rechnen. In der Nebensaison liegen die Preise manchmal deutlich darunter. In den Hotels variieren die Preise zwischen Hoch- und Nebensaison etwas weniger (zwischen 15 und 30%). Mit besonderen Arrangements lässt sich hier zusätzlich Geld sparen.

**Preis-
angaben
in diesem
Buch**

Die Preisangaben in diesem Reiseführer gelten **pro Person bei einer Übernachtung im Doppelzimmer** bzw. in einer Suite **mit Frühstück (Ü/F).** Sie beziehen sich auf Hotels und Pensionen, im Falle von Ferienwohnungen gelten andere Kriterien, weil sie von mehreren Personen belegt werden können.

**Preis-
kategorien**

①	bis 50 €
②	50–80 €
③	80–100 €
④	100–120 €
⑤	über 120 €

**Belegungs-
zeit**

Die Mindestbelegungszeiträume sind **von Vermieter zu Vermieter verschieden.** Bei Pensionen kann man jedoch von minimal drei Tagen ausgehen, bei Ferienwohnungen und Apartments in der Hauptpreiszeit von mindestens einer Woche, mitunter sind in den Oster- und Herbstferien auch Buchungen für vier bis fünf Nächte möglich.

Kurgast auf Langeoog

**Beantragung
einer Kur**

Am Anfang steht grundsätzlich ein **Gespräch mit dem behandelnden Arzt** über vorhandene Beschwerden. Gemeinsam mit dem Arzt stellen gesetzlich Krankenversicherte dann einen **Antrag bei ihrer Krankenkasse.** Bei Privatversicherten hängt eine Übernahme von Kosten vom vereinbarten Tarif bzw. möglichen Zusatzversicherungen ab. Ist die Kur genehmigt, sucht man vor Ort einen der beiden Ärzte auf, um den Ablauf der Kur und therapeutische Maßnahmen zu besprechen (Adressen siehe unter „Insel-Infos A bis Z/Adressen und Telefonnummern"). **Behandlungstermine** können sodann direkt über das Kur- und Wellness-Center, Tel. 04972/693215, arrangiert werden.

**Ambulante
Vorsorgekur**

Wurde eine ambulante Vorsorgekur bewilligt, werden (je nach Krankenkasse) das **Honorar für den Badearzt und 90% der Kurmittel erstattet.** Pro Verordnung ist zudem eine Eigenbeteiligung von 10 € zu zahlen. Arbeitnehmer müssen Urlaub nehmen und ihre Unterkunft und Verpflegung selbst zahlen, ein Zuschuss ist möglich.

**Stationäre
Vorsorgekur
für Eltern**

Alle vier Jahre können gesetzlich versicherte Mütter und Väter bei ihrer Krankenkasse eine Vorsorgekur beantragen, wobei sie mit oder ohne ihre Kinder fahren können. In der Regel dauert ein Aufenthalt **drei Wochen.** In dieser Zeit ist der Versicherte

2

krankgeschrieben. Die Kosten – auch für mitreisende Kinder – übernimmt die Krankenkasse. Der Versicherte zahlt lediglich einen Eigenanteil von 10 € pro Tag. Die Heime für Eltern-Kind-Kuren sind weiter unten aufgeführt.

Heilanzeigen

Als mögliche Heilanzeigen gelten Herz-, Gefäß- und Kreislauferkrankungen, Erkrankungen der Haltungs- und Bewegungsorgane, der Atemwege sowie Hautkrankheiten, psychosomatische Erschöpfungszustände („Burn-out"), allgemeine Schwächezustände, Rekonvaleszenz sowie Wachstums- und Entwicklungsstörungen bei Kindern.

lan18_008 sk

Gästebeitrag

Den Gästebeitrag, früher auch Kurbeitrag oder Kurtaxe genannt, **zahlen alle Langeoog-Besucher,** egal, ob sie zur Kur auf der Insel sind oder nicht. Er finanziert ausschließlich **Angebote und Dienstleistungen, die den Besuchern zugutekommen,** so zum Beispiel die Pflege der Strände und Grünanlagen sowie der öffentlichen Spielplätze und WCs, ein umfangreiches, kostenfreies Sportprogramm am Sportstrand und im Sportzentrum und das Kinderspielhaus Spöölstuv. Ein besonderes Extra ist der enthaltene Eintritt in das Meerwasser-Erlebnisbad für täglich 1½ Std. (in der Hauptsaison) sowie 2 Std. (in der Nebensaison).

Tarife 2018 pro Tag

Hauptsaison (15.3. bis 31.10.)
- **2,10 €** (6–15 Jahre)
- **3,50 €** (ab 16 Jahren)

Nebensaison (1.11.2018 bis 14.3.2019)
- **1,70 €** (6–15 Jahre)
- **2,80 €** (ab 16 Jahren)

Jedes dritte und weitere Kind einer Familie bis zum vollendeten 16. Lebensjahr mit mindestens einem Eltern- oder Großelternteil ist **vom Gästebeitrag befreit,** und zwar die jeweils jüngeren Familienangehörigen. **Ab dem 29. Aufenthaltstag** im Sommer oder bei mehrmaligen Aufenthalten im Jahr ist nur der Jahresgästebeitrag von 58,80/98,00 € zu zahlen. Der Betrag ist auf der LangeoogCard aufgebucht. Er kann im Service-Center im Inselbahnhof, im Rathaus oder bargeldlos an einem der Langeoog-Card-Automaten (am Inselbahnhof und vor dem Rathaus) bezahlt werden. Die LangeoogCard wird bei der Rückfahrt vor dem Anbordgehen an einer Sperre geprüft. Etwaige Fehlbeträge müssen dann nachgezahlt werden.

Wer beruflich auf der Insel zu tun hat (Handwerk, Geschäft usw.), ist vom Kurbeitrag befreit. Der Antrag ist im Rathaus zu stellen und zu belegen. Die LangeoogCard wird dann freigeschaltet.

◁ Entspannte Meeresnixe

2

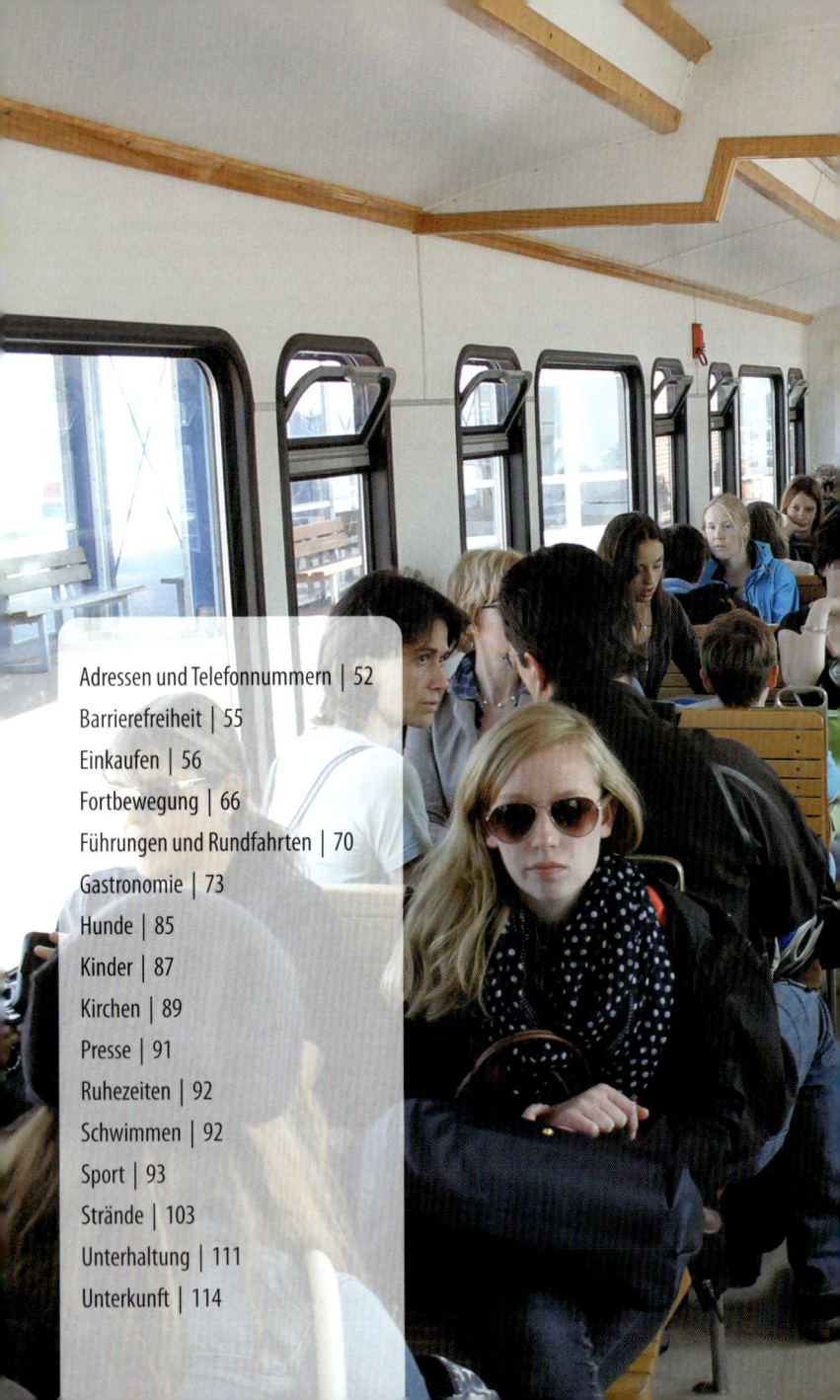

3 Insel-Info A–Z

◁ Unterwegs in der Inselbahn

3

Adressen und Telefonnummern

Das Wichtigste auf einen Blick

■ **PLZ:** 26465

■ **Vorwahl:** 04972;
mobil telefonieren: Alle Mobilfunknetze funktionieren auf Langeoog.

■ **Internet:** www.langeoog.de, www.langeoognews.de; kostenloser Internetzugang per WLAN: Haus der Insel (1 Stunde pro Tag), Info-Café (Wiesenweg 1).

■ **Tourist-Information:** im Rathaus, Hauptstr. 28, Tel. 693-0; geöffnet Mo–Do 8–12 und 14–16.30 Uhr, Fr 8–12 Uhr, März bis Okt. auch Sa und So 10–12 Uhr.

■ **Bahn- und Schiffsauskunft:** Bahnhof Langeoog, Tel. 693260, oder Bensersiel, Tel. 04971/92890.

■ **Insel-Info:** Barkhausenstr. 6, Tel. 911990, Auskünfte für Urlaubsgäste: alles über Langeoog und das UNESCO-Weltnaturerbe Wattenmeer, Tickets u.a. für Wattwanderungen, Schiffsausflüge mit der „MS Flinthörn" sowie Radtouren und Ortsbesichtigungen, zudem Vermittlung von Hotels und Ferienwohnungen.

■ **Haus der Insel:** Veranstaltungszentrum im Kurzentrum (siehe Karte in der vorderen Umschlagklappe). Programme im örtlichen Aushang. Angeboten werden in der Saison Konzerte, Theater, Kabarett, Lesungen, Filmabende und diverse Ausstellungen. Öffentliche Toiletten mit Wickeltisch. Bücherei mit Lese-Lounge (Tagespresse) und freiem WLAN (1 Std. pro Tag), in der Saison täglich 10–17 Uhr.

■ **Sportbüro:** im Sportzentrum (ehem. Tenniscenter), Kavalierpad 15, Tel. 0174/1553347, geöffnet von März bis Oktober. Aktuelle Öffnungszeiten jeweils auf den Aushängen und im Utkieker. Anlaufpunkt für das Sportabzeichen, Infos zu allen Sportangeboten sowie Vermietung der Tennisplätze und Fußball-Billard-Anlagen im Sportzentrum.

■ **Zimmervermittlung:** im Inselbahnhof (1. Stock), Tel. 693266, geöffnet Mo–Fr 9–17.30 Uhr, März bis Okt. auch Sa/So 9–15 Uhr, urlaubsservice@langeoog.de. LangeoogCard-Service, Zimmervermittlung.

■ **Kur- und Wellness-Center:** im Kurzentrum, Tel. 693215, kur@langeoog.de. Massagen, Schlickpackungen, Inhalationen, Krankengymnastik/Physiotherapie, Bewegungsbäder, Aquacycling, Aquafitness, Aquapower, Meerwasser-Erlebnisbad, Sauna etc. Zulassung für alle Kassen. Das Kur- und Wellness-Center zieht im Laufe des Jahres 2018 vom bisherigen Standort in einen neuen Anbau am benachbarten Meerwasser-Erlebnisbad.

> Denkmal zu Ehren von Lale Andersen, die auf der Insel begraben liegt

3

■ **Urlaubsservice Langeoog:** Tel. 693266, urlaubsservice@langeoog.de.
■ **Polizei:** An der Kaapdüne 5 (in der Nähe des Wasserturms), Tel. 810, Notruf 110, Feuer 112.
■ **Post:** im Langeooger Getränke Shop, Barkhausenstr. 21, Tel. 592.
■ **Fundbüro:** im Rathaus, Hauptstr. 28, Zimmer 1, Tel. 693122, Mo–Fr 8–12 Uhr, Di und Do 14–16.30 Uhr.

Rathaus

■ **Hauptstr. 28,** Öffnungszeiten: Mo bis Do 8–12 und 14–16.30 Uhr, Fr 8–12 Uhr. Bürgermeister *Uwe Garrels,* Gemeindeverwaltung: Tel. 693110; Fundbüro, Ordnungsamt: Tel. 693122; Marketing/Veranstaltungen: Tel. 693115; Standesamt: Tel. 693123; Tourist-Information: Tel. 693-0.

Ärztliche bzw. medizinische Versorgung

■ **Apotheke:** Insel-Apotheke, Am Wasserturm 8, Tel. 253, Öffnungszeiten in der Hauptsaison: Mo–Fr 8.30–12.30 und 15–18.30, Sa 8.30–12.30 Uhr, So 10–12.30 Uhr sowie Sa/So auch 18.30–19.30 Uhr.
■ **Ärzte:** *Dr. med. H.-Joachim Koller* (Facharzt für Allgemeinmedizin und Chirurgie, Badearzt, Rettungsmedizin), Hauptstr. 24, Tel. 912020, inselkoller@web.de, Sprechstunden: Mo bis Fr 8–11 und 16–18 Uhr außer Mittwochnachmittag, Voranmeldung erbeten; *Dr. med. Jürgen Raddatz* (Facharzt für Allgemeinmedizin, Sportmedizin, Badearzt), Fährhusweg 7, Tel. 1647, faehrhusdoc@web.de, Sprechstunden: Mo bis Fr 9–12 und 16–18 Uhr außer Mittwochnachmittag, Voranmeldung erbeten; diese beiden Ärzte handhaben abwechselnd den Wochenend-Notdienst.
■ **Krankenhaus:** Es gibt kein Hospital auf Langeoog. Notfälle werden per Rettungswagen (Tel. 112) zu einem der beiden Ärzte transportiert, Schwerkranke per Hubschrauber oder Seenotrettungsboot aufs Festland.
■ **Zahnärztin:** *Dr. med. dent. Gabriele Hübener,* Mittelstr. 21, Tel. 292, Dr.G.Huebener@t-online.de, Sprechstunden: Mo/Di/Do 11–16 Uhr, Fr 11–13 Uhr, Voranmeldung erbeten. Barrierefrei.

Geldinstitute

■ **Sparkasse LeerWittmund,** Kirchstr. 8, Tel. 912073.
■ **Oldenburgische Landesbank (OLB),** Kirchstr. 1, Tel. 990870.
■ **Volksbank Esens,** Barkhausenstr. 12, Tel. 340.
■ **Postbank-Agentur,** im Langeooger Getränke Shop, Barkhausenstr. 21. Außer Postbank alle mit Geldautomat.

[>] Pferdekutschen sind ein beliebtes Fortbewegungsmittel auf der Insel

Barrierefreiheit

**Weitgehend
verwirklicht**

Langeoog bemüht sich, den ganzen Ort mit allen seinen Einrichtungen barrierefrei zu gestalten, und ist diesem Ziel bereits sehr nahe gekommen. Bereits auf den großen Inselfähren „LANGEOOG III" und „LANGEOOG IV" ist der Zugang über eine breite Rampe problemlos möglich. Die roten Waggons der Inselbahn (ihr Halt ist auf dem Bahnsteig markiert) bieten Automatiktüren und Einstiegshilfen. Der Tourismus-Service Langeoog hat zudem die **Broschüre „barrierefrei"** zusammengestellt mit zahlreichen Tipps zu Anreise und Aufenthalt, zu Aktivitäten und ausgesuchten Routen für Rollstuhlfahrer. Erhältlich ist diese in der Tourist-Info im Rathaus. Für sehbehinderte Besucher steht

lan16_018 rh

ein tastbarer Ortsplan der Insel zur Verfügung, der die Topografie, das Wegenetz und die Sehenswürdigkeiten erfahrbar macht. Die **Reliefkarte,** die auch im Rahmen von Gästeführungen benutzt wird, kann kostenlos bei der Tourist-Info im Rathaus ausgeliehen werden.

Rollstuhlfahrer und gehbinderte Gäste

Gehbehinderte Gäste können sich im Haus Bethanien, Barkhausenstr. 31–33, Tel. 6910, einen **Rollstuhl oder Rollator** ausleihen (bitte rechtzeitig anfragen). Einen speziellen **Strandrollstuhl** gibt es gegen Vorlage der LangeoogCard stundenweise kostenlos im Kur- und Wellness-Center, in der Hauptsaison auch bei den Rettungsschwimmern am Hauptbad. Zahlreiche Fahrradverleiher bieten behindertengerechte **Dreiräder und Rollfiets** (Fahrräder mit Sitzschale), auch ein **Kutschbetrieb** ist auf Rollstuhlfahrer eingerichtet (Uwe's Pferdemobil, Voranmeldung erbeten, Tel. 0179/7614788).

Einkaufen

Öffnungszeiten

Die Supermärkte auf Langeoog sind **von März bis Oktober** in der Regel **täglich von 7 bis 20 Uhr** geöffnet; während des Winterhalbjahrs hat mindestens einer von ihnen täglich auf. Die Bäckereien verkaufen in der Hauptsaison täglich von 7 bis 18 Uhr. Die allgemeinen Öffnungszeiten des Langeooger Einzelhandels sind ansonsten Mo–Sa 9.30–18 Uhr und So 10–12.30 Uhr. Auch an Feiertagen sind die Geschäfte geöffnet. Abweichungen, Betriebsurlaube in den Wintermonaten oder individuelle Öffnungszeiten geben die Inhaber jeweils per Aushang an ihren Geschäften bekannt.

Drei Supermärkte

Gab es früher einmal kleinere Engpässe und als überhöht empfundene Einzelhandelspreise, so ist das mittlerweile Geschichte. Das **Angebot** der drei Supermärkte ist **umfangreich,** und die Preise sind nicht deutlich höher als auf dem Festland. Zudem gibt es eine **8A** Rossmann-Filiale auf der Insel (Barkhausenstr. 15, Tel. 6363).

> ⊳ Strandlektüre in der Buchhandlung Krebs am Wasserturm

3

9 **Frischemarkt Langeoog,** Barkhausenstr. 20, Tel. 307. Kleinerer Markt in der Nähe des Kurzentrums.

38 **Isenecker's Marktplatz,** Friesenstr. 8–10, Tel. 245. Mit 600 Quadratmetern größter Supermarkt der Insel im Friesengut Langeoog. Große Auswahl (auch Räucherfisch, frische Antipasti, ostfriesische Spezialitäten, laktosefreie Produkte und Bio-Lebensmittel). Außerdem frisch portioniertes Fleisch, eigene Marinaden und Mettwürste von Fleischermeister *Michael Schneider.* Donnerstags 15% Rabatt auf alle Waren außer Zeitschriften, Tabak, Spirituosen und Wein. Langeoog-Edition mit drei eigenen Weinen und eigene Langeoog-Shirts.

26 **Kramps Koopladen,** Hauptstr. 23, Tel. 6827983. Ebenfalls gut sortierter, großer Supermarkt, auch Bio-Produkte sowie gluten- und laktosefreie Artikel. Diverse Biersorten der Rügener Inselbrauerei und der Störtebeker Braumanufaktur.

lan18_011 sk

Einkaufen/Sonstiges

■ **Fahrradverleiher**
10 Langeooger Drahtesel
19 Fahrradverleih Inselcenter
23 Der Radakteur
25 De Insel-Radgeber I, Rad & Roll
28 De Insel-Radgeber II
29 Fahrradverleih am Bahnhof
33 Kiek rin-bi Kati
39 Fahrradverleih Baumhöfener
41 Fahrradverleih Weststrand
42 Bike Corner

■ **Bernsteinschleifkurse**
 5 Bernsteinschleifkurs
   am Hauptbad
20 Bernsteinschleifkurs
   Fynn's Pläseer

■ Einkaufen

1 BilderBuch - Kunst & Literatur am Meer
2 Muschelparadies
3 Hofgoldschmiede am Meer
4 Biomaris
6 Storm Stine
7 Langeooger Seewind-Fashion
8 Langeooger Getränke Shop, Seehüssi, Lüttje Lu
8a Rossmann
9 Remmers Backstube Barkhausenstraße, Frischemarkt Langeoog
11 Konditorei & Bäckerei Seekrug
12 Buddelei
13 Langeooger Bernstein Huus
14 InselLädchen, Goldmarie, Buddelinchen
15 Tee & Tradition, Weinperle
16 Süße Brise
17 Buchhandlung Krebs, Südwester
18 Inselgoldschmiede & Schmuggelkiste, Vier Beaufort, Langeooger Seewind-Fashion
21 Adenauer & Co
22 Weindüne
24 Fokko Gerdes
26 Kramps Koopladen, Langeooger Inselrösterei
27 Remmers Backstube Hauptstraße
30 TeeRose
31 Eine-Welt-Laden
32 Langeooger Getränke-Service
34 Insel-Frost
35 Remmers Backstube Schniederdamm
36 Alpaka-Lädchen
37 Fisch-Klette - Das Fischgeschäft
38 Isenecker's Marktplatz
40 Glückslädchen, Gombelstuuv

Bäckereien

■ **Remmers Backstube,** ⑨ Barkhausenstr. 22, ㉗ Hauptstr. 17, ㉟ Schniederdamm 14, Tel. 221, FB Remmers Backstube. Traditionsreiche Inselbäckerei mit drei Filialen, in denen man täglich frische Backwaren sowie Kaffee und Kuchen bekommt. Bei allen Produkten wird auf Backhilfsmittel verzichtet. Am Schniederdamm kann man den Bäckern in der Backstube sogar über die Schulter schauen und auch auf einer netten Außenterrasse sitzen. Nach Voranmeldung bietet Bäckermeister *Jannes Remmers,* der die Bäckerei in vierter Generation führt, Betriebsbesichtigungen an. Sehr beliebt sind auch die Flammkuchen-Abende, meist mittwochs 17–20 Uhr von Juni bis Oktober in der Filiale am Schniederdamm. Meine Empfehlung: Eine **„Süße Lale" probieren,** ein Quark-Hefeteilchen mit Zimt und Sanddorn, benannt nach der Wahl-Langeoogerin *Lale Andersen.*

⑪ MEIN TIPP: **Konditorei & Bäckerei Seekrug,** Gartenstr. 14, Tel. 383, www. seekrug.de. Täglich frische Brötchen und Brote in Bio-Qualität. Konditormeister *Hubert Recktenwald* und sein Team sind außerdem für ihre Kuchen, Torten, Cookies und Pralinen bekannt. Auch lassen sich hier leckere Mitbringsel finden: Egal ob Hagebutten-Salsa, Dünenfrüchte-Konfitüre, Holunder-Senf, Sanddorn-Saft oder Löwenzahn-Hausschnaps – verarbeitet wird, was die Inselnatur hergibt. Die Redaktion des „Feinschmecker" wählte die Bäckerei 2017 – absolut verdient – unter die besten 500 Bäcker Deutschlands. Besonders gefielen den Testern das Inselkräuterbrot aus Roggen- und Dinkelmehl mit Brennnesselblättern und Löwenzahn, die Flinthörnbrötchen mit Karotten und die Langeoog-Torte mit Hagebutten, Sanddorn und Aprikose. Ein Kuriosum ist auch der Brötchenstall vor der Tür, in dem bestellte Ware alphabetisch sortiert auf ihre Abholer wartet.

Tiefkühlwaren

㉞ **Insel-Frost,** Polderweg 5a, Tel. 9903899. Tiefkühlkost in der Nähe des Inselbahnhofs. Fisch, Fleisch, Gemüse, Kartoffelprodukte, Brötchen, Torten, Eis-Spezialitäten. Geöffnet Mo–Fr 11–13 und 15–17 Uhr sowie Sa 9–13 Uhr.

Getränkeservice

⑧ **Langeooger Getränke Shop,** Barkhausenstr. 21, Tel. 592.

㉜ **Langeooger Getränke-Service,** Vangerowpad 1, Tel. 222 und 6366.

Beide bieten Bier, Weine, Spirituosen, Erfrischungs- und Fruchtsaftgetränke – jeweils auch mit Lieferservice für Kisten frei Haus. Im Langeooger Getränke Shop befindet sich außerdem eine Postagentur und die Lotto-Annahme.

**Weine &
Spirituosen**

㉒ **Weindüne,** Barkhausenstr. 6, Tel. 990047, www.weinduene.de. Langeoogs erster Weinhandel eröffnete im Oktober 2014. Weine aus Deutschland, Italien, Frankreich, Spanien, Portugal, Italien und Übersee, dazu Winzersekt, Prosecco, Cremant und Champagner. Regelmäßige Gin-Tastings, Schnapsverkostungen, Mitternachtsweinproben und Events wie Käse & Wein sowie Wein & Schokolade.

⑮ MEIN TIPP: **Weinperle,** Barkhausenstr. 7, Tel. 0174/3828958, www.weinperle-langeoog.de. Weinhandel und Weinbar direkt am Café-Restaurant Ebbe & Flut, täglich 15–22 Uhr geöffnet, ausführliche Infos siehe unter „Essen und Trinken/Bars und Kneipen".

3

Tee, Kaffee & Gin

30 TeeRose, Kirchstr. 1, Tel. 6156, www.teerose-langeoog.de. Gemütliches, kleines Ladencafé. Kaffee- und Teespezialitäten, Sanddornprodukte, Gebäck aus eigener Herstellung, Accessoires rund um das Thema Tee, Naturpflege- und Kosmetikprodukte, abwechslungsreiche Kuchen- und Tortenauswahl in einer alten Vitrine. Täglich frisch und auch zum Mitnehmen, Mo–Sa 10–18 Uhr.

15 Tee & Tradition, Barkhausenstr. 9, Tel. 1515, www.tee-tradition.de (mit Online-Shop). Teeladen mit großer Auswahl an Tee, ostfriesischem Teegebäck, typisch blau-weißem Friesengeschirr, ausgefallenen Küchen- und Geschenkartikeln.

26 Langeooger Inselrösterei, Hauptstr. 21, Tel. 9906413, FB Langeooger Inselrösterei, www.langeooger.com. Kaffeerösterei, Gin-Brennerei und Ladencafé mit kleiner Terrasse direkt im Ortszentrum. Große Auswahl an frisch gerösteten Kaffeesorten mit kompetenter Beratung und Langeooger Gin-Spezialitäten. Inhaber *Horst Schmidt* bietet zudem regelmäßig Gin-Proben in der Kaapstube (siehe unter „Essen und Trinken/Bars und Kneipen") an. Prämierter Klassiker: „Black Island Gin No. 1" mit Wasser aus der Langeooger Süßwasserlinse und Sanddornnote. Infos auch unter www.blackislandgin.com. Täglich außer So 10–18 Uhr.

Für Naschkatzen

16 Süße Brise, Barkhausenstr. 5, Tel. 6162, www.suesse-brise.de. Gute Adresse für ausgefallene Schokosorten, Pralinen, Kekse, Bonbons und Marzipan. Auch die Fruchtgummiauswahl überzeugt: Sanddorn-Seehunde, Himbeer-Vanille-Deichschafe, Wattwürmer, Seesterne, Waldmeister-Anker, um nur einige zu nennen. Kerzen, Geschirr, Deko und verschiedene Sanddornspezialitäten gehören ebenfalls zum Sortiment.

Frischer Fisch

37 MEIN TIPP: Fisch-Klette – Das Fischgeschäft, An den Bauhöfen 2, Tel. 912960, www.klette.info. Ein Besuch der urigen Kate gehört zu jedem Langeoog-Besuch einfach dazu. Frischer Fisch, Fischbrötchen, Fischsalate und Räucherfisch aus den hauseigenen Räucheröfen. Besonders gefallen uns die Pfeffermakrelen, die Lachsroulade mit Krabbenfüllung und die Piratenmarmelade aus mariniertem Seelachs mit Zwiebeln und Gewürzen. Mo–Fr 9–18 Uhr, Sa 9–12.30 Uhr, im Winterhalbjahr geschlossen.

Mode, Accesoires & mehr

21 Adenauer & Co, Barkhausenstr. 1, Tel. 6823922, FB Adenauer & Co (Langeoog). Langeooger Filiale der deutschen Bekleidungsmarke, die in Europa produziert. Lieblingsteile für die Nordsee. Jacken, Mäntel, Hoodies, Jeans, Hemden und Shirts und Accessoires mit maritimen Motiven. Eigene Langeoog-Shirts in limitierter Stückzahl.

12 Buddelei, Barkhausenstr. 14, Tel. 297, www.buddelei.com. Nordseetaugliche Freizeitmode bekannter Hersteller für Damen und Herren, Bademode, Schuhe, Schals, Mützen, Taschen.

14 Buddelinchen, Barkhausenstr. 11, Tel. 297. Kleiner Ableger der Buddelei, in dem seit Ostern 2017 auf organisch, fair und sozial produzierte Mode gesetzt wird, u.a. mit den Marken „recolution" und „armedangels".

3

14 **InselLädchen,** Barkhausenstr. 11, Tel. 9907944. Inhaberin *Anke Agena* bietet Schals, Pullover und Strickjacken aus Kaschmir und Seide, Gürtel, Taschen und Modeschmuck.

■ Die **Langeooger Seewind-Fashion** bietet in ihrer **18** Filiale am Wasserturm 3c Jacken von Wellensteyn und Canada Goose sowie maritime Herrenarmbänder der Marke Pig & Hen. Im **7** Geschäft in der Barkhausenstr. 24 findet man Taschen und Accessoires von ZWEI, Dr. Martens Schuhe, Sonnenbrillen sowie ebenfalls Jacken von Wellensteyn und Canada Goose.

8 **Lüttje Lu,** Barkhausenstr. 21, Tel. 990022. Schöne Auswahl an Kinderkleidung.

17 **Südwester,** Am Wasserturm 12, Tel. 1032. Outdoorbekleidung und Accessoires der Marken Bergans, Fjällräven und The North Face.

18 **Vier Beaufort,** Am Wasserturm, Tel. 6829891, www.vier-beaufort.de. Inhaberin *Barbara Aragon* bietet unkomplizierte Beachwear für Damen und Herren. Zum Teil eigene Designs wie das Herzmuschel- oder das Langeooger Wattenmeermotiv.

Wolle & Weiteres

40 **Gombelstuuv – Handarbeiten am Meer,** Kirchstr. 16, Tel. 9900000. Wolle mit Alpaka, Seide, Kaschmir, Mohair und Babykamelhaar, Schur- und Baumwolle, spezielle Sockengarne (Lana Grossa, Lang Yarns) sowie Stoffe und Handarbeitszubehör. Inhaberin *Andrea Gebhardt* gibt gerne Tipps. Mittwochs von 15 bis 17.30 Uhr ist freier Stricktreff für Anfänger und Fortgeschrittene, dann wird „Schwarmwissen" in netter Runde bei einer Tasse Tee weitergegeben.

lan18_013 sk

Insel-Info A–Z

36 Alpaka-Lädchen, Schniederdamm 8, direkt auf dem Reiterhof To'n Peerstall, Tel. 6829950, www.abolengo-alpaca.de. Kleiner Hofladen, in dem Alpaka-Strickjacken, Socken, Handschuhe, Schals, Mützen sowie Alpaka-Strickgarn und Stricknadeln, Matratzen, Steppdecken und Kissen verkauft werden. Vor Ort lebt auch eine kleine Alpaka-Herde. Mo–Sa 15–18 Uhr und nach Vereinbarung.

Schmuck & Schönes

14 Goldmarie, Barkhausenstr. 11, Tel. 990325. Netter kleiner Laden mit ausgefallenem Schmuck.

3 MEIN TIPP: Hofgoldschmiede am Meer, Barkhausenstr. 34, Tel. 990344, www.hofgoldschmiede-am-meer.de. Im April 2017 feierte *Martina Runge* mit ihrem Goldschmiedeatelier auf Langeoog Eröffnungsvernissage. Zuvor hatte sie *Susanne Agena* an gleicher Stelle viele Jahre in deren Atelier „Schmucklust" unterstützt. Individuelle, originelle Schmuckstücke, maritime Accessoires und die gemütlich-kreative Atmosphäre schaffen einen besonderen Ort. Übernommen hat *Martina Runge* die aus der Schmucklust beliebten **Trauringkurse** und Goldschmiedeseminare, in denen jeder sich – oder seinem Partner – unter fachkundiger Anleitung ein eigenes Schmuckstück fertigen kann. Auch **Kinder** zwischen 7 und 12 Jahren können hier kreativ werden und nach Vorlagen oder eigenen Ideen ein Erinnerungsstück, etwa einen Anker, Seestern oder Wasserturm, sägen, das später als Anhänger an einem Band getragen werden kann. Kursgebühren ab 60 € zzgl. Material.

Zum Stöbern

24 MEIN TIPP: Fokko Gerdes, Hauptstr. 29, Tel. 364, „Dat lüttje Koophus" gibt es seit 1883 auf der Insel. Das Geschäft an der Einmündung zur Barkhausenstraße, das unter Langeoog-Besuchern und Insulanern Kultstatus genießt, wird von *Ilike Gerdes* in mittlerweile vierter Generation geführt. Damals wie heute gibt es Andenken, Spiel- und Schreibwaren und verschiedene Bedarfsartikel. So lässt sich in den hohen Holzregalen rund um die nostalgische Ladentheke von der Fahrradklingel über Gummistiefel, Kalender, Puzzle, Taschen, Geschirr (der Marken Pip Studio und Krasilnikoff), Strandartikel, Postkarten, Decken, Playmobil, Schrauben, Hals- und Handtücher, Malbücher, Klebstoff, Stifte, Spiele bis zu maritimer Deko so gut wie alles finden. Und was dann nach ausgiebigem Stöbern doch noch fehlt, wird gerne und unkompliziert bestellt.

40 Glückslädchen, Kirchstr. 16, Tel. 0175/4969703. Direkt neben der Gombelstuuv. Kleidung aus Merino-Woll-Fleece, Bergschafschurwolle und Hanf, ätherische Öle, Kosmetika, Geschenkartikel, Postkarten aus Holz mit Wasserturm-Motiv und Holzpuzzle mit Langeoog-Umriss.

◁ Bei Fisch-Klette gibt es nicht nur leckeren Fisch; man kann auch Kutterfahrten buchen

18 Inselgoldschmiede & Schmuggelkiste, Am Wasserturm 3, Tel. 895, www. insel-goldschmiede.de. Teilzeitkapitäne, Leichtmatrosen und Meerjungfrauen sind hier am passenden Ort. Auf der Suche nach einem Kompass, Schiffsglocken, Fernrohren, Modell- und Buddelschiffen, Teegeschirr, Uhren oder aber ausgefallenen Schmuckkreationen ist ein Halt in diesem Traditionsgeschäft genau richtig. Relativ neu im Sortiment sind Victorinox-Taschen- und Küchenmesser mit Langeooger Inselmotiven. Auch ein Insel-Ring mit Wasserturm, Inselbahn und weiteren Motiven ist erhältlich.

2 Muschelparadies, Heerenhusstr. 10b, Tel. 573. Das Muschelparadies dürfte jedem in Erinnerung bleiben: *Renate Gieseler* präsentiert in einem kleinen Hausanbau und im anliegenden Garten das wahrscheinlich größte Muschelsortiment Ostfrieslands. Über die Muscheln, Schnecken und Seeigel aus aller Welt erzählt sie ebenso gern wie über eigene Funde am Langeooger Strand. Ihre Lieblinge: Nautilusschnecken. Kinder freuen sich über moderate Preise: Schon ab 50 Cent können sie kleine Kaurischnecken aussuchen. Teuerstes Exemplar mit 35 € ist die Große Sturmhaube, eine Meeresschnecke, die bis zu 35 Zentimeter groß wird. Geöffnet ist von Ostern bis Herbst täglich von 15–17 Uhr außer montags.

6 Storm Stine, Kavalierpad 14/Am Hauptbad, Tel. 0170/4740733, www.willeke-leuchten.de. Schmuck, Schilder, maritime Deko. Gleichzeitig kleines Café. Geöffnet von Ostern bis Ende Oktober täglich 10–18 Uhr.

lan18_012 sk

Bücher, Kunst etc.

1 **BilderBuch – Kunst & Literatur am Meer,** Höhenpromenade, Tel. 912900, www.bilderbuch-langeoog.de. Direkt an Anselms Atelier angrenzend finden sich hier hochwertige Wohnaccessoires, maritime Geschenkideen, Geschirr und Kochzubehör sowie eine bemerkenswerte Buchauswahl zum Thema Meer und zur Insel für Kinder und Erwachsene. Inhaberin *Tina Fourmont,* gelernte Buchhändlerin und Lebensgefährtin von *Anselm Prester jr.,* präsentiert zudem Kunstdrucke und Postkarten mit Motiven aus *Anselms* Schaffen sowie Mal- und Zeichenzubehör.

17 **Buchhandlung Krebs,** Am Wasserturm 14, Tel. 347, www.buchhandlung-krebs.de. Wer ohne Urlaubslektüre auf die Insel gestartet ist, wird in der kleinen Buchhandlung direkt am Wasserturm auf jeden Fall fündig. Bis zur Decke stapeln sich bei Inhaberin *Suntje Krebs* die Bücher: Krimis, Romane, Inselgeschichten, Wissenswertes rund um das Thema Meer, wichtige Neuerscheinungen und Kinderbücher, alles ist da. Außerdem auch Kartenspiele, Hörbücher, Kalender und schöne Schreibhefte.

Kosmetik aus dem Meer

4 **Biomaris,** Kavalierpad 12/Am Hauptbad, Tel. 9903866, www.biomaris.com. Shop des Bremer Spezialisten für Thalasso-Kosmetik mit Gesichts-, Körperpflege- und Kosmetikprodukten. Monatlich wechselnde Angebote. Geöffnet Di–Sa 10–13 und 14–18 Uhr, So 10–13 Uhr.

Fair Gehandeltes

31 🦋 **Eine-Welt-Laden,** an der Ostseite der Ev. Kirche, Vangerowpad 2, Tel. 922425, FB Eine-Welt-Laden Langeoog. Seit 35 Jahren unterstützt ein ehrenamtliches Ladenteam den Verkauf von fair gehandelten Produkten und Upcycling-Ware. Neben Langeooger Zotter-Schokolade, zahlreichen Bio-Produkten wie Olivenöl aus Palästina, fair gehandeltem Kaffee und Tee, Spielzeugen aus Blech und kleinen Mitbringseln sind auch Gummibärchen, Schnitzereien, Körbe und Ketten erhältlich. Von Mitte März bis Anfang November täglich geöffnet 10.30–12.30 Uhr.

Souvenirs

8 **Seehüssi,** Barkhausenstr. 21. Souvenirshop mit maritimen Andenken, Postkarten, Tee, Sanddornbonbons und -likören, Tagespresse, Sandspielzeug, Drachen und Kinderspielzeug.

Fairtrade-Insel

Im April 2012 wurde Langeoog als 1. Deutsche Fairtrade-Insel ausgezeichnet und ist somit **Teil der weltweiten Bewegung der Fairtrade Towns** (www.fairtrade-towns.de). Es gibt mittlerweile über 2000 Fairtrade-Städte und -Kommunen auf der ganzen Welt, die sich für **fairen Handel** stark machen, davon zurzeit (Ende 2017) 509 in Deutschland. Wer die Auszeichnung erhält, stellt u.a. sicher, dass proportional zur Einwohnerzahl eine be-

◁ Muscheln aus aller Welt gibt es im Muschelparadies in der Heerenhusstraße

3

stimmte Anzahl an Geschäften, Hotels, Restaurants und Cafés Fairtrade-Produkte verarbeitet oder verkauft. Neben der Rezertifizierung 2014 belegte die Insel 2016 zudem den 2. Platz beim Fairtrade-Award als „Multiplikator für Fairtrade" in der Kategorie „Zivilgesellschaft". Jedes Jahr finden verschiedene Aktionen statt, zum Beispiel ein **„Faires Frühstück"** im Mai und eine **„Faire Woche"** Ende September. Einen aktuellen Fairtrade-Führer erhält man in den Einrichtungen des Tourismus-Service Langeoog.

Fortbewegung

Autofrei?

Langeoog nennt sich „autofrei", stets gefolgt von dem Zusatz „seit 1398". So ganz stimmt das nicht. Immerhin sind **einige Elektrotransporter** auf der Insel unterwegs, und es dürften wohl noch mehr werden. Andererseits sind dies keine Autos im Sinne von Privat-Pkw, denn die E-Mobile transportieren nur Fracht plus einen Fahrer. Einen Verbrennungsmotor haben die Fahrzeuge der Ambulanz und Feuerwehr sowie **diverse Nutzfahrzeuge** der Inselgemeinde, etwa für die Straßen- und Dünenausbesserung, den Winterdienst und die Abfuhr von Müllcontainern. Aber damit kann man durchaus leben. Von einer Verpestung der sauberen Nordseeluft kann überhaupt keine Rede sein.

Per pedes

Auf Langeoog bewegt man sich vor allem zu Fuß. **Im Ort und auf seinen vorgelagerten Stränden** ist dies wegen moderater Distanzen auch gar keine Hürde; maximal sind für solche Touren etwa 3 km in einer Richtung zurückzulegen. Deutlich weiter ist der Weg, will man den gesamten Strand von einem Inselende zum anderen unter die Füße nehmen – er ist immerhin 14 km lang, und die muss man auch noch zurück! Schöne Spaziergänge lassen sich auch ideal im Wäldchen südlich des Ortes unternehmen, das von mehreren Pfaden durchzogen wird.

Fahrrad

Das **häufigste Verkehrsmittel** auf der Insel ist das Fahrrad. Man braucht es nicht unbedingt umständlich per Fähre mitzuführen, was 24 bzw. 30 € (E-Bike) kostet, sondern kann sich an jeder zweiten Straßenecke eines **leihen.** Das kostet dann für ein normales Rad je nach Anbieter ebenfalls etwa 24 €, allerdings pro Woche! Insgesamt bieten die Fahrradverleiher eine große Aus-

Insel-Info A–Z

wahl an Tourenrädern, Hollandrädern, E-Bikes, Anhängern, Tandems, Bollerwagen und Kinderfahrrädern (auch Laufräder) an. Die Preise schwanken je nach Anbieter geringfügig, in der Schulferienzeit im Sommer empfiehlt sich eine rechtzeitige Reservierung.

Fahrradverleiher

Hier nur eine Auswahl, zur Lage der Anbieter siehe Karte S. 58.

42 Bike Corner, Um Süd 6, Tel. 990960, www.bike-corner-langeoog.de. 3-Gang-Damenräder 8/27 € Tag/Woche. Auch Herrenräder, Chopper, Kinderanhänger, Tiefeinsteiger. Ausflugstipps und friesischer Humor gratis.

39 Fahrradverleih Baumhöfener, Kirchstr. 16, Tel. 0175/8900118, 3-Gang-Rad ab 7 € pro Tag/22 € pro Woche, auch E-Bikes, Trekkingräder, Kinderräder, Anhänger und Bollerwagen (5 €/Tag).

■ De Insel-Radgeber, Fahrradvermietung Peer Agena, 25 Hauptstr. 27a und **28** Lütje Pad 3 (am Bahnhof), Tel. 990311, www.langeoog-fahrradverleih.de. Tourenräder und bunte Hollandräder ab 9/30 € Tag/Woche, zudem Kinderräder und -anhänger. In der Filiale an der Hauptstraße auch E-Bikes. Inhaber *Peer Agena* bietet auch eine geführte Insel-Rad-Tour (siehe auch unter Fahrradtouren, als Gruppe auch individuelle Termine möglich). Fahrräder an Gruppen (ab 15 Personen) zu ermäßigten Preisen.

lan16_021 rh

29 **Fahrradverleih am Bahnhof,** Fährhusweg 11, Tel. 6474. Erwachsenenräder ab 10/30 € pro Tag/Woche (ab 13 Uhr auch stundenweise), ferner Kinderräder, Tandems, E-Bikes, Bollerwagen, Anhänger, (Elektro-)Dreiräder für Erwachsene.

19 **Fahrradverleih Inselcenter,** Barkhausenstr. 1, Tel. 274, 3-Gang-Tourenrad ab 9/30 € pro Tag/Woche.

33 **Kiek rin-bi Kati,** Melkerpad 8, Tel. 455. Tiefeinsteiger, Kinderräder, Tourenräder ab 5/15 € pro Tag/Woche. Auch Laufräder, Bollerwagen, Transportanhänger.

10 **Langeooger Drahtesel,** Gartenstr. 2, Tel. 288. Tourenräder mit Gepäckkorb, E-Bikes und Croozer, außerdem ein pinkfarbenes Tandem (Verleih gegen Spende zugunsten krebskranker Kinder). Gemütliche Kaffee-Ecke mit historischen Fotos des Fahrradverleihs Bollenberg, der hier in der Zeit von 1949 bis 2016 beheimatet war. 3-Gang-Tourenrad ab 8/25 € Tag/Woche.

23 **Der Radakteur,** Barkhausenstr. 8, Tel. 01522/7184872, www.radakteur.de. Direkt neben ihrem Bioladen De Grönhöker betreiben *Simone* und *Gerrit Agena* ihren neuen Fahrradverleih. Die Hollandräder der Traditionsmarke „Cortina" sind nicht nur stylish, sondern mit ihren Frontgepäckträgern (auch bei Kinderfahrrädern) sehr praktisch. Auch E-Bikes. Tourenräder ab 10/30 € Tag/Woche.

25 **Rad & Roll,** Hauptstraße 21a, Tel. 912979, www.radandroll.de. Ausgefallene Modelle in vielen Farben der Marken Electra und Schwinn. Pro Tag/Woche Beachcruiser und Chopper 10/35 €, Tandem 20/70 €, auch Kinderräder und -anhänger.

41 **Fahrradverleih Weststrand,** Am Weststrand 1, Tel. 912922, www.suederriff.de. Tourenrad ab 5/25 € pro Tag/Woche, auch Kinderräder und -anhänger.

■ Auch viele **Vermieter** verleihen Räder an ihre Gäste.

Bitte Rücksicht mit dem Rad!

Fahrräder sind derart viele auf der Insel, dass es mitunter zu Verkehrsstaus kommt. Allzu anarchische Zweirad-Chauffeure sind sogar manchmal in Unfälle verwickelt. Um solchen Problemen zuvorzukommen, wurde bereits 1990 eine exklusive **Fußgängerzone** eingerichtet: In der Haupt- und in der Barkhausenstraße haben Fußgänger Vorrang, Radfahrer dürfen lediglich Schritttempo fahren. Außerhalb dieser Zone sollten Fußgänger – soweit vorhanden – die Gehwege nutzen, damit die Straßen für Fahrradfahrer und Elektrofahrzeuge frei bleiben.

Auch wenn die Insel autofrei ist, gilt die **Straßenverkehrsordnung;** Ordnungsamt und Polizei verhängen regelmäßig Bußgelder bei Nichtbeachtung. In den Sommermonaten reichen die vorhandenen Parkflächen für Fahrräder – vor allem in Strandnähe – bei Weitem nicht aus, was regelmäßig ein ziemliches Parkchaos nach sich zieht. Eine dringende Bitte der Inselgemeinde gilt deshalb dem **Freihalten von Rettungswegen und Feuerwehrzufahrten;** Einsatzfahrzeuge benötigen mindestens 3 Meter Durchfahrtsbreite. Hydranten an Straßen und Bürgersteigen sollten ebenfalls zugänglich sein.

Radwege

Prinzipiell können Radfahrer alle Fußwege mitbenutzen. Im Ganzen gibt es rund **35 Kilometer** Radwege auf Langeoog. Einige Wege im Ort sind jedoch völlig für Fahrräder gesperrt und entsprechend ausgeschildert. Dazu gehört die gesamte Höhenpromenade, und auch die Strände dürfen nicht mit dem Rad abgefahren werden. Nicht nur, weil das die Badegäste stören würde, sondern weil Sand und Salzwasser in die Mechanik geraten und diese angreifen – sehr zum Unmut der Fahrradverleiher.

Fahrrad-Diebstahl

Langeooger Leih- und Privaträder sind **mit einem Nummerncode versehen,** um des Fahrradklaus Herr zu werden. Doch von „Diebstahl" kann eigentlich keine Rede sein. Aber manches unverschlossene Radl wird halt mal „ausgeliehen", um von A nach B zu gelangen und dann irgendwo „abgelegt". In der Regel geraten die Zweiräder dank Polizeihilfe alle an ihre Eigentümer zurück – überführten Schwarzfahrern steht allerdings einiger Ärger ins Haus.

Pferdekutsche

Ein populäres Transportmittel auf Langeoog ist die Pferdekutsche. Das beginnt schon am Bahnhof, wo Kutschtaxen bereitstehen und ankommende Gäste zu ihren Destinationen im Ort befördern. Weil gerade diese Art von „Taxi" sehr beliebt ist, empfiehlt sich eine **Vorbestellung:** Langeooger Kutschfahrten, Tel. 0175/4601045, oder Uwes Pferdemobil, Tel. 0179/7614788. Die Preise im Ortsbereich betragen für Partien von ein bis vier Personen 10–15 €, jedes große Gepäckstück kostet zusätzlich 1 €.

Weiter ins Inselinnere geht's mit leichteren Einheiten, unter anderem mit traditionellen Planwagen. Eine einstündige Tour kostet 10 € p.P., Kinder (3–12 Jahre) zahlen je nach Anbieter 5–6 €. Längere Fahrten, so zur Meierei und zum Ostende der Insel, kosten natürlich etwas mehr (siehe dazu auch „Führungen" und „Rundfahrten/Kutschfahrten").

Pferd

Und letztlich kann man sich auch zu Pferde (ohne Kutsche) fortbewegen. Informationen zum Thema erteilen die beiden **Reiterhöfe** der Insel (siehe „Sport/Reiten"). Versteht sich, dass im Ortszentrum das Reiten verboten ist, und auch an den Badestränden und auf den (entsprechend beschilderten) Fußpfaden darf man's nicht. Doch es gibt zahlreiche (rot markierte) **Reitwege;** die ganze Insel kann praktisch umritten werden (siehe dazu die Karte „Reitwege").

3

Führungen und Rundfahrten

**Seehund-
beobachtung**

Die ganze Saison über ist Langeoog in Bewegung. An vorderster Front tut sich die Inselreederei hervor, die zahlreiche Fahrten mit ihren Ausflugsschiffen anbietet, darunter, vom Frühjahr bis zum Ende der Herbstferien, zu den **Seehundbänken ins Baltrumer Wattenmeer** und zu den **Seehunden am Osterhook.** Diese Fahrten (die Preise liegen bei 13,50 € p.P., Kinder von 6 bis 15 Jahren zahlen 8 €) finden in Übereinstimmung mit den Richtlinien der Nationalparkverwaltung statt, um die Tiere nicht zu stören. Bei Ankunft treibt das Schiff mit abgestellten Maschinen an den Sandbänken vorbei, und die Seehunde, die diese Routine längst gewöhnt sind und sich um die Menschen überhaupt nicht kümmern, lassen sich in aller Ruhe beobachten und fotografieren. Man kann auf allen Ausfahrten mit großer Sicherheit damit rechnen, die Tiere auch zu sehen. Nach der letzten großen Epidemie 2002 mit vielen Todesfällen haben sich die Bestände wieder gut erholt, und die Tiere sind allem Anschein nach gesund.

Seehunde werden bis zu 1,80 Meter lang und 120 Kilogramm schwer, wobei die Weibchen etwas zierlicher sind. Ende Mai beginnt im Wattenmeer die etwa vierwöchige Wurfzeit, in der die Weibchen ihre Jungen innerhalb weniger Minuten auf abgelegenen Sandbänken zur Welt bringen. Beim nächsten Hochwasser folgen die Tiere ihrer Mutter ins Meer. Für das Jahr 2017 wurden an der niedersächsischen Nordseeküste 9946 Seehunde gezählt, davon 2212 Jungtiere, beide Werte sind die höchsten seit Beginn der Zählungen Anfang der 1970er Jahre. Zudem wurden im niedersächsischen Wattenmeer einschließlich Hamburg 422 Kegelrobben gesichtet, 40% mehr als 2016.

Nachbarinseln

Auch die Nachbarinseln **(Baltrum, Spiekeroog, Wangerooge und Norderney)** werden zwischen Frühjahr und Herbst auf regulären Fahrten angelaufen, und diverse Programme führen ins **Wattenmeer** und auf **abendliche Exkursionen,** sogar mitunter mit Live-Musik. Für die Inselausflüge muss man je nach Destination mit 13,50–28 € rechnen, Kinder zahlen etwa 60% davon.

■ **Informationen und Tickets** für die Schiffahrt Langeoog gibt es im Inselbahnhof, Tel. 693260, und an der Tourist-Info im Rathaus sowie auf www.langeoog.de. Dort gibt es auch den jeweils aktuellen Flyer mit allen Ausflugszielen und dem Fahrplan zum Download.

Schaufischfang

Mit Kapitän *Damwerth* und seinem **Kutter „MS Flinthörn"** geht's ins Watt – „mit Schaufischfang", bei dem die Beute am Leben bleibt. Die Fahrt kostet 13 € (Kinder von 4–14 Jahren zahlen 9 €). Infos unter www.ms-flinthoern.de und in der Insel-Info, Barkhausenstr. 6, Tel. 911990.

Auch der **Fischkutter „Möwe"** sticht mit Fanggeschirr in See, und auch hier wird der Fischfang nach ausführlicher Erklärung zurück ins Meer gesetzt. Gefangene Krabben werden an Bord gekocht, und es gibt einen kleinen Lehrgang im Krabbenpulen. Die Fahrt, die je nach Wasserstand auch zu den Seehundbänken zum Ostende Baltrums oder ans Ostende Langeoogs führt, dauert rund 2 Stunden. Erwachsene zahlen 14 €, erm. 9,50 €, Familien 35 €; Termine, Abfahrtszeiten und Karten bei Fisch-Klette, An den Bauhöfen 2, Tel. 912960, www.klette.info.

◁ Auf einer Kutschfahrt über die Insel bekommt man viel zu sehen

**Watt-
wanderungen**

Und natürlich kann man das Watt, wie es sich für eine Nordseeinsel gehört, auch zu Fuß erkunden. Wattwanderungen finden
die ganze Saison über, je nach Tidenstand, **unter Führung zertifizierter Nationalpark-Guides** statt; es gibt sogar spezielle El-
tern-Kind-Wanderungen. Für eine Tour (Dauer 1½–2 Std.) sind
8,50 € (Kinder 4,50 €) anzusetzen. Karten an der Tourist-Info im
Rathaus. Wattführer *Arvid Männicke* empfiehlt bei einer Luft-
temperatur von unter 15 Grad Gummistiefel und sehr warme,
wind- und regendichte Kleidung. Und einen „Spritzer Schlick"
sollte diese auch vertragen …

**Kostüm-
führungen
der Inselrosen**

Rund 100 Jahre Inselgeschichte werden lebendig, wenn die
Gästeführerinnen *Birgit Haller* und *Fiona Wettstein* als „Inselrosen" zur Kostümführung einladen: Die Badefrau *Hilke* berichtet um 1887 von den Anfängen des Seebads Langeoog, die Ho-
telierswitwe *Meta* verrät die Gepflogenheiten der „oberen Zehn-
tausend", und *Marie* erzählt von den Jahren am Vorabend des
Zweiten Weltkriegs, um nur drei der Frauenfiguren zu nennen,
in deren Rollen die beiden Freundinnen schlüpfen. Die Führung
kostet 12 € p.P., Termine nach Vereinbarung unter Tel. 0173/
6941787.

Birgit Haller bietet zudem ihre **Kostümführung „Unterwegs
mit dem Strandvogt"** an. Termine werden über den Tourismus-
Service Langeoog bekanntgegeben, Erwachsene zahlen 8 €, Kinder (6–15 Jahre) 4 €, für Gruppenanfragen wende man sich an
VCH Hotel Bethanien, Tel. 6910.

Fiona Wettstein ist allein als Badefrau *Hilke* unterwegs mit der
Kostümführung „Badezeit". Termine ebenfalls über den Tourismus-Service Langeoog oder unter Tel. 912277.

Fahrradtour

Jeden Dienstag um 10.30 Uhr bietet der Insulaner **Peer Agena**
eine 2½-stündige Fahrradtour **zu den schönsten Plätzen der Insel** an. Start ist am Info-Café, Wiesenweg 1. Fahrräder sind mit-
zubringen, Erwachsene zahlen 8 €, Kinder (6–15 Jahre) 5 €, Karten in der Insel-Info, Barkhausenstr. 6 und in der Tourist-Info
im Rathaus.

Kutschfahrten

Oder darf's eine Inselkutschfahrt sein? Eine Stunde durch Feld
und Flur kostet 10 €, für Kinder (ab 3 Jahren) je nach Anbieter
5–6 €, und **man bekommt garantiert eine Menge zu sehen.** Die
Kutschfahrten finden mehrmals täglich statt und starten entweder am Inselbahnhof oder am Rathaus. Die dreistündige Kutschfahrt zur Meierei (Aufenthalt 1 Stunde) kostet 16 € für Erwach-

sene und 10 € für Kinder (ab 3 Jahren). Sie startet je nach Kutschbetrieb täglich außer dienstags (Ruhetag der Meierei) gegen 13.30, 13.45 oder 14 Uhr am Bahnhof oder Rathaus.

■ **Buchung:** Im Tourismus-Service Langeoog erhält man eine Übersicht aller Touren mit Preisen, Abfahrtszeiten und den Telefonnummern der anbietenden Kutschbetriebe, bei denen man sich direkt anmelden kann. Aktuell sind dies: **Uwe's Pferdemobil,** Tel. 0179/7614788, **Langeooger Kutschfahrten,** Tel. 0175/4601045, **Kutschfahrten Wilts,** Tel. 990777, **Kutschfahrten Vogel,** Tel. 0171/3320504 (nur Dorfrundfahrt).

Gastronomie

Slow Food & Bio

Gesundes und genussvolles Essen nimmt auf Langeoog einen hohen Stellenwert ein, Slow Food und „Regional-Saisonal-Bio" sind vielfach angesagt. In allen Restaurants finden **insulare und regionale Produkte** aus der Landwirtschaft und Natur Verwendung und bereichern die Speisekarten und Gerichte. Sei es Fleisch von Hochlandrindern auf inseleigenen Wiesen, Fisch und Garnelen direkt vom Kutter, Käse aus dem milchreichen Ostfriesland, Aromen nicht aus der Retorte, sondern aus Langeoogs Inselwildnis, aus der auch die Früchte für Wildapfelchutney, Heckenrosenchips, Hagebuttenmarmelade, Sanddornsenf und ähnliche „Exotika" stammen und jedes Mahl zu einem Hochgenuss machen. Natürlich speist man nicht überall unter fünf Sternen, aber die kreativen Ideen der Küchenchefs können sich durchaus sehen lassen.

Auswahl im Buch

Die große Zahl an kulinarischen Oasen auf Langeoog lässt schon aus Platzgründen ihre vollständige Aufzählung in diesem Buch nicht zu. Hinzu kommt, dass immer wieder neue Lokalitäten entstehen und andere den Betrieb einstellen oder den Inhaber wechseln. Die im Buch aufgeführte Palette ist deshalb eine Auswahl, bei der jeder etwas Passendes finden sollte.

Imbisse/ Bistros

14 Die Bratwurst
Barkhausenstr. 5, Tel. 682561. Würstchen, Pommes und Schnitzel. Hausgemachte Currysoße in drei Schärfegraden, Burger mit Rindfleisch aus dem Oldenburger Land. Direkt neben dem Imbiss Fischhus.

1 Bio-Strandkiosk Seekrug

Höhenpromenade 1, Dünenübergang am Panoramarestaurant Seekrug. Kaffee, belegte Mehrkornbrötchen, Fischbrötchen, Bockwurst, Pommes, Erbsensuppe, Salat, Quark mit Sanddorn-Konfitüre, Eis und Milchshakes – alles überwiegend in Bio-Qualität.

13 De Crêpes-Moker

Barkhausenstr. 11. Crêpes satt, von süß bis pikant. Inselspezialität ist ein Crêpes, wahlweise mit Sanddorn und Vanillesoße oder Sanddorn und Eierlikör, 2,50–5,50 €.

lan18_016.sk

3

Insel-Info A–Z

32 Dünen-Oase

Gerk-sin-Spoor 12, Tel. 0176/34926492, FB Dünen-Oase Langeoog. Tief in den Dünen verborgen liegt diese urige Snackbar. Wegen ihrer Abgeschiedenheit sehr populär. Es gibt Jever, Fischbrötchen, Pommes, Kaffee, Waffeln und Milchreis.

5 Givtbude

Kavalierpad 18/Am Hauptbad, Tel. 9906423, www.givtbude-langeoog.de. Direkt am Hauptstrand gelegen. Selbstbedienung, im Angebot sind Fish & Chips, Burger, Fischbrötchen, Eintöpfe, Currywurst, Pancakes, Milchreis und verschiedene Kuchen. Unbedingt die Süßkartoffelpommes probieren! Lockere Strandbar-Atmosphäre mit viel Naturholz, gemütlicher Ofen für stürmische Tage, Terrassenplätze mit Blick auf Dünen und Wasserturm.

5 Grüner Hund

Kavalierpad 14/Am Hauptbad, Tel. 2570114. Bistro am Hauptstrand mit Pizzen, Flammkuchen, Baguettes, Salaten, Milchreis und Waffeln – Letztere schmecken besonders am Stiel super.

14 Fischhus

Barkhausenstr. 5, Tel. 682561. Fischbrötchen ab 3,50 €, Fischgerichte – auch zum Mitnehmen – zwischen 7 und 10 €, hausgemachte Remoulade. Direkt neben dem Imbiss Die Bratwurst.

6 Fischkorb

Kavalierpad 17/Am Hauptbad, Tel. 01515/8507720, FB Fischkorb Langeoog. „Fischbude wie aus dem Bilderbuch. Frisch, sensationell lecker und supernette Inhaber", so das Urteil eines Gastes. Fischbrötchen ab 3,50 € sowie Backfisch, Kibbeling, Crispy Shrimps, gebackene Muscheln, Pommes in der Tüte und Fischfrikadellen. Soßen und Dips aus eigener Herstellung.

21 Flotten Happen – burger and more

Hauptstr. 27, Tel. 0173/1980282, FB Flotten Happen. Mix aus American Diner und Beach Bar. Hier gibt es Burger von klassisch über vegetarisch bis extravagant auf Porzellan serviert. Dazu Pommes, Bratwurst, Currywurst, Fischbrötchen und Wraps. Schneller, netter Service, faire Preise.

4 Strandversorger

Kavalierpad 12/Am Hauptbad, FB Strandversorger Langeoog. Helle Bar mit leckeren Cocktails und Snacks in Strandnähe. Beliebt sind im Sommer auch die Plätze auf der Terrasse und den Bänken. Täglich ab 11 Uhr.

☐ Gemütlich: die Kajüte am Hafen

3

Gastronomie

NORDSEE

Nichtraucher-
strand

Strandkorb-
vermietung

Tischtennishalle

1 Atelier
am Meer

Hohenpromenade

Hospiz-
pad

Warmbadweg

WC

Am Hospizplatz

Kavalierpad

Sportstrand

Strandkorb-
vermietung

Sportpalast

Kavalierpad

3

Spöölstuv/
Bücherei
Kur- und Wellness-Center
**Haus der Insel/
Schiffahrts-
museum** **M**

Kino **7**

Willrath-

8

Kiebitzweg

Spielplatz

Nichtraucher-
strand

Hauptbad

WC **4**

5

Die Insel-
vermietung

6

Sport-
zentrum

Erlebnis-
bad

Kurstraße

Museums-
rettungsboot
"Langeoog"

Haus
Bethanien

Vogtpad

Hasenpad

Seewohnen

Tennis-
plätze

Zum Hauptbad

Gartenstraße

10
11

Treffpunkt
Dünensingen

WC

Westerpad

12

Barkhausenstr.

14

15

23

Insel-
Info

Vormann-Otten-Weg

Weg

Strandkorb-
vermietung

Wasserturm

Apotheke

18 **17** **16**

22

20 **21**

24

Rathaus

Bei-
boot

Hauptstraße

An der Kaapdüne

Rud.-Eucken-Weg

Brandünenweg

Lütje Pad

Hauptstraße

Hunde-
strand
West

Kaap Dünen

Hohenpromenade

WC

Kirchpad

Polizei

Heimatmuseum
"Seemannshus" **M**

25

26

ii
Ev.
Kirche

An den

Vangerowpad

Otto-

Leib-Weg

Kaappad

Kirchpad

Infohaus
Altes Wasserwerk

Mittelstraße

Kirchstraße

Jakob-Pauls-

Kath. Kirche **ii**

Hünpad

Just-Scheu-Str.

Am Blumental

Friesenstraße

Friesenstraße

Kite-/Surf-/
Hunde- und
Kinderstrand

Strandpad

Süderdünenring

Abke-Jansen-Weg

Kirchstraße

Kinderkurstraße

27

Kieferweg

Um Süd

Finthornweg

Ringschloot

AWO Langeoogklinik
Haus Westwind

Mutter-Kind-Klinik
Haus Wittdün

Tongers-
Pad

Süderdünenring

Seniorenhus
"bliev hier"

Mutter-Kind-
Klinik Langeoog

Am Wald

Am Wald

Störtebeker Str.

Hafen

Insel-
wäldchen

0 ━━━━ 200 m ©Reise Know-How

Langeoog
2_3_8_U2
7/18

Strandkorb-vermietung

Hunde-strand Ost

Drachen-strand

Pirolatalweg

WC 32

Dünen-friedhof

"Tjard sien Utkiek" Aussichtsdüne (ehem. Seenot-beobachtungs-station)

Gerk-sin-Spoor

Norderpad

Heerenhusstraße

Pirolaweg

Otzumer Weg

Gerk-sin-Spoor

Am Teich

Dreesen- Straße

Willrath-Dreesen-Straße

Bolzplätze

Fritz-Reuter-Str.

H.-Löns-Str.

Polderweg

Theod.-Storm Str.

Gartenstraße

Am Wall

Am Wall

Am Wall

Lerchenweg

Melksett

Polderweg

Wiesenweg

Fährhusweg

29

Birken

Bahnhof

Melkerpad

Neei Bauhoff

Bauhöfen

An den

30

Hafenstraße

Weg

Hecken

den

Um Süd

Spielplatz

Schniederdamm

Reiterhof To'n Peerstall

Sportplatz TSV Langeoog

Reitplatz

Jugendhaus am Meer (JAM)

31

AWO Langeoogklinik Haus Ostwind

Süderdünenring

Reitplatz

Reithalle Kuper

Am Reitplatz

Bolzplatz

Golfplatz, Minigolf, Hafen

Flugplatz Langeoog

Treffpunkt Wattwanderungen, Melkhörndüne, Jugendherberge, Vogelwärterhaus, Meierei, Ostende

■ **Essen und Trinken**

1 Panoramarestaurant Seekrug, Düne 13, Bio-Strandkiosk Seekrug
3 23 Meter über NN in der Strandhalle
4 Strandversorger, Boramar
5 Givtbude, Grüner Hund, Storm Stine
6 Fischkorb, Eiscafé Venezia 2
7 Windlicht
8 Lounge Bar No. 9, Restaurant Schiffchen
9 Restaurant Bunte Kuh, Navigator's Lounge Bar
10 Treffpunkt
11 Eiscafé Venezia
12 Café Leiß
13 Restaurant & Café Ebbe & Flut, Weinperle, De Crêpes-Moker
14 Die Bratwurst, Fischhus
15 Steuerbord, Restaurant & Café Alte Post
16 Eiscafé Pinese II
17 Bierstube Sturmeck
18 Restaurant Blied
19 Dwarslooper, Kaapstube
20 Fischrestaurant Marina 1903, Fäßchen 2.0, Pizzeria Roma
21 Flotten Happen – burger and more, Café Lütje Stuv, Mamma Mia
22 In't Dörp, Ristorante Pizzeria Luciano, Verklicker – Restaurant & Schiffe
23 Eiscafé Pinese
24 Langeooger Inselrösterei
25 TeeRose
26 Widzels Café und Bar, Anno 1828
27 Tuffelhus
28 Pizzeria Piccolo
29 Info-Café
30 Fisch-Klette – Die Fischkombüse
31 Restaurant & Café La Perla
32 Dünen-Oase

10 MEIN TIPP: Treffpunkt

Barkhausenstr. 22/Ecke Gartenstr., Tel. 9901175. Man trifft sich hier in der Tat immer wieder, um die vorzüglichen Fischgerichte, Fischbrötchen und Suppen zu genießen. Gäste empfehlen zudem die Pizzen. Unbedingt probieren sollte man auch die Pasta mit Garnelen in Currysoße mit Zitronengras, Kokosmilch, Rucola und Parmesan. Mit Glück ist ein Platz im Strandkorb frei, sonst auf der kleinen Terrasse.

Bars und Kneipen

19 Dwarslooper

Hauptstr. 37, Tel. 990087, www.dwarslooper.de. Gemütliche Pub-Atmosphäre. Täglich Frühschoppen an der Theke (11–12 Uhr), Dämmerschoppen (17–18 Uhr) und Pizza Hour (18–19 Uhr, Pizza für 6,50 €). Küche bis 24 Uhr! Große Auswahl an Salaten, Baguettes, Pasta, Schnitzeln, Burgern, Fisch und Gratins. Billardtisch im 1. Stock. Im Sommer Biergarten mit Karibikfeeling, in dem man seine Füße im Sand ausstrecken kann.

20 Fäßchen 2.0

Hauptstr. 31, Tel. 682980. Langeooger Kneipe im Souterrain des Hotels Mitten Mang. Wein, Bier, Cocktails und Snacks, täglich ab 20 Uhr geöffnet. Rauchen erlaubt.

19 Kaapstube

Hauptstr. 37, Tel. 9903888, FB Kaapstube. Gemütliche Bierkneipe, zentral gelegen. Jever Pilsener, Hövel Dunkel und Sion Kölsch vom Fass. Riesige Gin-Auswahl. 17–19 Uhr Happy Hour. Außerdem ein guter Platz, um Fußball zu gucken. Regelmäßig auch Gin-Proben. Geöffnet tägl. außer montags ab 16 Uhr.

8 Lounge Bar No. 9

Barkhausenstr. 30–32, Tel. 9104109. Kleine Bar im Hotel Kolb Classic. Cocktails, Wein, Bier und Spirituosen in gediegen-maritimer Clubatmosphäre. Freitags ab 21 Uhr Happy Hour auf ausgewählte Cocktails.

9 Navigator's Lounge Bar

Kiebitzweg 8, Tel. 92260, www.navigators-bar.de. Maritime, kleine Bar im Suiten-Hotel mare mit einer großen Auswahl an Grappa, Obstbränden, Likören, Whiskeys, Cognac und Cocktails. Schöne Terrasse. Täglich 9–24 Uhr.

13 MEIN TIPP: Weinperle, Barkhausenstr. 7, Tel. 0174/3828958, www.weinperle-langeoog.de. Kleine, aber feine Weinbar direkt am Café-Restaurant Ebbe & Flut. Weinperlen aus aller Welt und große Rum-Auswahl sowie Champagner, Cremant, Sekt und Gin. Familiäre Atmosphäre, gemütliches Ambiente und sehr kompetente Beratung. Dazu leckere Kleinigkeiten wie Käseteller und Flammkuchen. Inhaber *Bernd Frech* hat stets eine gute Empfehlung, fast alle Weine lassen sich glasweise bestellen. Täglich von 15 bis 22 Uhr geöffnet. Im Sommer kann man schön draußen sitzen.

26 Widzels Café und Bar

Mittelstr. 10, Tel. 911930, www.logierhus-langeoog.de. Hotelbar des Logierhus. Nachmittags frisch gebackener Kuchen und ostfriesische Teespezialitäten. Abends Cocktailspezialitäten. Happy Hour 20–22 Uhr.

3

Cafés

Insel-Info A–Z

12 MEIN TIPP: Café Leiß

Barkhausenstr. 13, Tel. 6514, www.cafe-leiss.info. Wiener Kaffeehaus-Atmosphäre in schönem alten Inselhaus mit Flair. Große Tortenauswahl (ein Klassiker ist die Rumflockensahnetorte), Ostfriesentee auf dem Stövchen mit Gebäck, Rote Grütze, Eiergrog und Eis. Daneben auch Suppen, Salate, Fisch, Inselbrot mit Schinken, Flammkuchen, Baguettes, Weine und Cocktails. Der Hauscocktail „Eisberg" enthält sogar Blattgold. Besonders beliebt ist das Frühstücksbuffet, bei dem man sich frische Waffeln backen kann (täglich von 9 bis 12 Uhr, Getränke inklusive). Große Sonnenterrasse. Das Café hat fast ein wenig Kultstatus, ebenso die „Vinyl-Café"-Abende, wenn *Arno,* Insulaner und DJ, Oldies auflegt. Geöffnet tägl. 9–23 Uhr.

13 Restaurant & Café Ebbe & Flut

Barkhausenstr. 7, Tel. 0177/4251924, FB Ebbe & Flut Langeoog. Das Restaurant & Café im ehemaligen He Tant hat im Frühjahr 2018 eröffnet. Geradlinige Küche mit Fleisch- und Fischgerichten sowie Snacks. Außerdem Kuchen, Waffeln und Milchreis. Einladende Veranda traditionellen Stils. Täglich 11.30–22 Uhr, So Ruhetag.

29 Info-Café

Wiesenweg 1, Tel. 911980. www.cafe-langeoog.de. Direkt am Inselbahnhof. Frühstücken mit jeder Menge kostenfreier Ausflugstipps und Inselinfos. Hier wird der Kaffee im Haus geröstet. Unbedingt probieren sollte man auch die Apfel-Schmand-Torte, Pfannkuchen oder belgische Waffeln. Kleine Abendkarte, außerdem leckere Fischbrötchen. Große Sandterrasse mit Strandkörben (Sandspielzeug vorhanden). Gratis-WLAN für Gäste. Täglich 9–19 Uhr.

24 Langeooger Inselrösterei

Hauptstr. 21, Tel. 9906413, FB Langeooger Inselrösterei, www.langeooger.com. Ladencafé direkt im Ortszentrum (siehe auch unter „Einkaufen"). Selbstbedienung. Fachkundige Kaffee-Beratung, Cookies und Schokolade. Seinen Cappuccino genießt man an Stehtischen im Laden oder auf der kleinen Terrasse mit Blick auf das Treiben in der Hauptstraße. Täglich außer sonntags 10–18 Uhr.

21 Café Lütje Stuv

Hauptstraße 27. Kleine Teestube ganz in Weiß. Inhaberin *Martina Gerdes* serviert Kaffee, Kakao und Ostfriesentee in altem Porzellan und die Lieblingskuchen ihrer Familie, z.B. Preiselbeertorte mit Schoko-Nuss-Boden. Mo–Fr 14.30–18 Uhr.

3 Meierei

Ostende, Tel. 248, www.falke-meierei.de. Die rund 8 Kilometer vom Ortszentrum entfernt liegende Meierei (Lage siehe hintere Umschlagklappe) ist ein beliebtes Ziel bei Ausflüglern, die sich hier nach einer Wanderung, Radtour oder Kutschfahrt auf weitere Kilometer stärken können. Es gibt Bockwürstchen, Kartoffelsalat, Suppe, belegte Brote, Kuchen und Eis – entweder in der rustikalen Gaststätte oder auf der Sonnenterrasse. Viele Gäste kommen, um die täglich frisch angesetzte Dickmilch mit Zucker, Schwarzbrot und Sanddornsaft zu probieren. Rund 1 Kilometer ist es dann noch über den Naturpfad Osterhook zur Seehund-Beobachtungsplattform am Ostende der Insel. Ersatzräder einiger großer Fahrradverleiher vor Ort. Geöffnet tägl. außer Di 10.30–17.30 Uhr.

3

5 Storm Stine

Kavalierpad 14/Am Hauptbad, Tel. 0170/4740733, www.willeke-leuchten.de. Kaffee aus eigener Röstung, Cookies, hausgemachter Quark und Milchreis, Snacks, Bier, Limonade, Wein und Süßigkeiten. Gleichzeitig netter, kleiner Laden in hellem Nordsee-Beachlook mit Windlichtern, maritimer Deko, handgefertigtem Schmuck und großer Auswahl an Schildern. Kleine Terrasse. Geöffnet von Ostern bis Ende Oktober täglich 10–18 Uhr.

25 TeeRose

Kirchstr. 1, Tel. 6156, www.teerose-langeoog.de. Das kleine Ladencafé bietet täglich wechselnd ausgezeichneten Kuchen aus eigener Herstellung, etwa Sanddorntorte mit Sanddornmarzipan. Die wenigen kleinen Tische im Laden und vor der Tür sind immer schnell besetzt. Wer keinen Platz bekommt, kann den Kuchen auch mitnehmen oder selbst backen: Die Inhaber *Astrid* und *Heiko Barenthin* verraten im „Langeooger Kokenbook" zahlreiche Rezepte (siehe auch unter „Anhang/Literaturtipps"). Mo–Sa 10–18 Uhr.

1 Ostfriesische Teestube

Hafendeichstr. 11 (Lage siehe hintere Umschlagklappe), Tel. 9909787. „Anlaufstelle für Teekultur und faire, ökologische Produkte, Ideen und eine gute Zeit." Bei Tee, Kaffee, Schokolade, Waffeln, Eis, Limonade und selbst gebackenem Kuchen kann man das Geschehen im Fähr- und Jachthafen verfolgen. Außerdem gibt's Flammkuchen und Suppen und im Teelädchen eine Reihe an kulinarischen Souvenirs. Geöffnet tägl. 13–17 Uhr.

lan16_025 tc

Eisdielen

23 Eiscafé Pinese
Barkhausenstr. 8, Tel. 6194. Klassische Eisbecher, Torten, leckerer Cappuccino. Unbedingt probieren: Sanddorneis und selbst gemachte Tiramisu-Torte. Filiale an der **16** Barkhausenstr. 1/Ecke Hauptstraße, dort ausschließlich zum Mitnehmen.

11 Eiscafé Venezia
Barkhausenstr. 22, Tel. 682626. Täglich wechselnde Eissorten aus eigener Herstellung, darunter auch Kreationen wie Amalfi Orange (mit kandierter Orangenschale) und Schokolade/Chili. Eine Filiale – das **6** **Venezia 2** – für Eis in der Waffel befindet sich am Hauptbad/Kavalierpad 17.

Pizzerien

21 Mamma Mia
Hauptstr. 27, Tel. 682645. Leckeres aus dem Pizzaofen. Geöffnet tägl. 11–22 Uhr, alle Speisen auch zum Mitnehmen.

28 Pizzeria Piccolo
Hauptstr. 5, Tel. 990310. Pizza, Pasta & Co. direkt am Inselbahnhof, geöffnet tägl. 12–15 und 17–22 Uhr.

20 Pizzeria Roma
Hauptstr. 31, Tel. 9907069. Pizzen zwischen 5 und 9 €, verschiedene Pastagerichte bis 9,50 € sowie Salate. Geöffnet tägl. 12–15 und 17–22.30 Uhr.

Restaurants

15 Restaurant & Café Alte Post
Barkhausenstr. 3, Tel. 91150, www.alte-post-langeoog.de. Hell und sehr aufgeräumt, aber dennoch gemütlich. Mit Terrasse. Frühstücksbuffet. Nachmittags große Auswahl an Kuchen, Torten und Waffeln. Fisch und Meerestiere zwischen 15 und 22 €, außerdem Fisch- und Krabbensuppe, Schnitzel und Rumpsteak, Salate, Pasta, Schupfnudeln sowie Ofenkartoffeln. Täglich 8–23 Uhr.

26 Anno 1828
Mittelstr. 10, Tel. 911930, www.logierhus-langeoog.de. Besonders beliebt wegen seiner Tapas-Abende. Jeden Fr ab 18 Uhr Spezialitäten aus Andalusien, darunter Tapas ab 2 € (Reservierung empfohlen). Mittwochs Fisch-Event mit 3-Gänge-Fisch-Menü (ohne Getränke) für 27,90 €. Gesunde Küche mit frischen saisonalen Produkten aus Ostfriesland mit asiatisch, französisch und italienisch inspirierten Rezepten, feine Dessertauswahl sowie selbst gemachtes Eis und Sorbet. Auch vegane und glutenfreie Gerichte. Sonnenterrasse. Täglich 12–14.30 und 18–23 Uhr.

18 Restaurant Blied
Am Wasserturm, Tel. 6860, www.restaurant-blied.de. „Küche und Bar" im Nordseehotel Kröger. Modern eingerichtet in Orange-Grau mit viel unbehandeltem Holz und Geweihen an der Wand. Salat, Pasta, Fisch (auch ganz), Steaks und Burger (um 15 €), Eis und Sorbet. Hauptgerichte 20–25 €. Auch Ausgefalleneres. Täglich 8–23 Uhr.

◁ Zeit zum Essen in Langeoog City

4 Boramar

Kavalierpad 12/Am Hauptbad, Tel. 8289921, FB Boramar. Spanisches Restaurant am Hauptbad mit umfangreicher Tapas-Auswahl (z.B. Kartoffelomelett mit Spinat, Gambas, Sardellen, Tintenfisch, gegrillte Paprika, Manchego-Käse, 2,90–6,90 €), daneben auch ostfriesische Tapas, Paella (klassisch und vegetarisch), Weizentortillas, Salate der Saison, spanische Burger. Hausgemachte Sangria und Frozen Margheritas. Täglich 11–22 Uhr geöffnet, Kaffee und Kuchen ab 15 Uhr, Küche bis 21 Uhr.

9 Bunte Kuh

Kiebitzweg 8, Tel. 92260, www.suiten-hotel-mare.de. Hier wähnt man sich an Bord eines alten Segelschiffes. Restaurant im Suiten-Hotel mare. Neben Steaks, Fisch und Salat auch feine Weine. Tradition am Mittwoch: Spare Ribs zum Sattessen (Reservierung empfohlen). Auf Bestellung Fondue-Abend (25 € p.P.). Mo–Sa 17.30–21.30 Uhr.

30 Fisch-Klette – Die Fischkombüse

An den Bauhöfen 2, Tel. 912962, www.klette.info. Uriges Fischrestaurant mit Wintergarten direkt neben dem Fischgeschäft Fisch-Klette. Suppen, Fischbrötchen, leckerer, frischer Fisch aus der Pfanne zu fairen Preisen, Störtebeker-Biere, aufmerksame Bedienung – ein Muss für jeden Langeoog-Besucher. Ein echter Tipp ist der Schlemmerteller für zwei Personen mit verschiedenen hausgemachten Fischsalaten und Baguettebrot. Was besonders geschmeckt hat, kann gleich nebenan im Fischgeschäft für zuhause mitgenommen werden. Mo–Sa 11.30–14 Uhr und 17–19.30 Uhr, im Winterhalbjahr geschlossen.

22 In't Dörp

Barkhausenstr. 4, Tel. 912071. „Wat Besünners". Gutbürgerliches Restaurant mit plattdeutscher Speisekarte (und Übersetzung). Suppen, Salate (um 10 €), frischer Fisch, Steak und Schnitzel (ab 15 €) sowie vegetarische Gerichte und vieles mehr in gemütlicher Klönschnack-Atmosphäre. Geöffnet tägl. außer Do 11.30–14 und 17.30–21.30 Uhr.

2 MEIN TIPP: Kajüte am Hafen

Hafendeichstr. 9 (Lage siehe hintere Umschlagklappe), Tel. 1748, www.langeoog-restaurant.de. Seglerheim, doch auch Landratten sind willkommen. Modern, maritim, gemütlich mit Blick auf den Hafen. Suppen (Empfehlung aus der Kombüse: klare Fischsuppe), Salatteller, Fleisch- sowie kalte und warme Fischspezialitäten (12–22 €, Gambas ab 30 €). Sonnenterrasse und Kinderspielplatz. Durchgehend warme Küche. Di–So 11–20 Uhr.

31 Restaurant & Café La Perla

Flughafenstr. 5, Tel. 9902903. Italienische Gerichte direkt am Flugplatz mit Blick auf Starts und Landungen. Zugleich Clubrestaurant des Langeooger Golfclubs. Hausgemachte Pasta und Gnocchi, Salate, Fisch- und Fleischgerichte (15–25 €), Risotto, zudem Kuchen, Kaffee, Tee und Eis in der Waffel. Regelmäßig Antipasti-Abende, Fisch- und Pastabuffets. Speisen à la carte täglich 11.30–21.30 Uhr.

22 MEIN TIPP: Ristorante Pizzeria Luciano

Barkhausenstr. 2, Tel. 6025, www.pizzeria-luciano.de. Der Name verrät's: Hier geht es sehr italienisch zu. Klar gibt's auch Pizzen, aber nicht nur, sondern auch Pasta-, Fisch- und Fleischgerichte, saisonal auch Miesmuscheln. Beim letzten Besuch haben uns besonders die Spaghetti mit frischen Nordseekrabben in Tomaten-Sahne-Sauce und die Pizza mit Feige, luftgetrocknetem Schinken und Honig geschmeckt. Geöffnet tägl. außer Di 12–22 Uhr, durchgehend warme Küche.

20 Fischrestaurant Marina 1903

Hauptstr. 31, Tel. 68298-0, www.hotel-kolb.de. Restaurant im Hotel Mitten Mang. Urig-modernes Ambiente; die Schwarz-Weiß-Fotos an den Wänden sind eine unterhaltsame Inselzeitreise. Hier gibt es überwiegend frischen Fisch, aber auch Salat, Suppen, Fleischgerichte, Pasta, Veganes und Vegetarisches sowie Bio-Weine. Geöffnet täglich außer Mi 11.30–14 und 17–21.30 Uhr.

8 Restaurant Schiffchen

Barkhausenstr. 32, Tel. 9104125, www.hotel-kolb.de. Restaurant des Hotels Kolb Classic. Feinschmecker-Restaurant mit leichter, mediterraner Küche. Hier wähnt man sich an Bord eines Luxusliners auf See. Menüs und besondere Feinschmecker-Abende, aber auch à la carte (Hauptgerichte 15–30 €). Geöffnet tägl. 8–22 Uhr, Frühstücksbuffet, Mittagskarte und -menü, Kaffee und Waffeln am Nachmittag sowie Abendkarte ab 18 Uhr.

1 🍀 Panoramarestaurant Seekrug

Höhenpromenade 1, Tel. 383, www.seekrug.de. Fast alles, was hier auf der täglich neu geschriebenen Speisekarte steht, ist bio, saisonal und regional. Schöne kulinarische Erlebnisse mit Blick auf Strand und Meer sind garantiert. Küchenmeister *Michael Recktenwald* und sein Team sind bekannt für ihre wechselnden Fisch- und Inselwildrezepte sowie ihre Spezialitäten vom Langeooger Hochlandrind. Auch ausgefallene Desserts wie Sanddornsorbet, Hagebutteneis oder Schokomousse, aromatisiert mit Ostfriesentee, werden hier serviert. Da der Küchenmeister zudem Sherry-Botschafter ist, finden sich auch gut gewählte Sherrys, Brandys und Weine auf der Karte. Nachmittags Kuchen- und Tortenspezialitäten aus der Konditorei & Bäckerei Seekrug (siehe unter „Einkaufen/Bäckereien"). Von März bis Oktober mittwochs ab 18 Uhr ostfriesisches Schlemmerbuffet. Geöffnet tägl. außer Mo 11–22 Uhr.

15 Steuerbord

Barkhausenstr. 5, Tel. 912060, www.steuerbord-langeoog.de. Raffinierte Suppen, auch Pizzen, Pasta (9–15 €), Kartoffelrösti, Salate, Labskaus, Schnitzel, Fisch und vieles mehr – alles zu angemessenen Preisen (Hauptgerichte 12–20 €). Geöffnet tägl. 11.30–21.30 Uhr.

3 MEIN TIPP: Strandhalle: 23 Meter über NN

Höhenpromenade 5, Tel. 990776, www.strandhalle.info. Die mittlerweile sechste Strandhalle der Insel, 1954 am höchsten Punkt der Höhenpromenade gebaut. Entsprechend schön ist der Blick aus den großen Panoramafenstern oder von der windgeschützten Terrasse – 23 Meter über NN – aufs Meer und auf den Sonnen-

3

untergang. Hier treffen sich Insulaner und Gäste auf einen leckeren „Sundowner", genießen Cocktails sowie die Küche, die unter dem Motto „Friesisch Crossover" niedersächsische Spezialitäten mit internationalem Einfluss serviert. Auf der Karte sind neben einer großen Auswahl an frischem Fisch auch Fasan, Rehrücken, Salate, Suppen und Desserts und verschiedene Sandwiches zu finden. Neben zahlreichen Gerichten für Kinder gibt es für Vierbeiner außerdem ein „23 Meter Hundemenü" (Würste und Cookies aus eigener Herstellung). Täglich geöffnet 11–23 Uhr.

17 Bierstube Sturmeck

Hauptstr. 34, Tel. 9904868. Gutbürgerliches, Fisch- und Fleischgerichte, Eintöpfe, Fischbrötchen. Urig-gemütliches Stammlokal vieler Insulaner mit alten Schiffsmodellen. Nachmittags Kaffee und Kuchen. Fußballübertragungen per Sky TV. Täglich geöffnet außer Di 11–23 Uhr, Küche 11.30–14 und 17.30–21 Uhr.

27 Tuffelhus

Süderdünenweg 47, Tel. 911950, www.langeooger-strandhotel.de. Im Hotel Achtert Diek. Kartoffelspezialitäten aller Art im Inselwesten, zudem wöchentliche Aktionsabende wie Kartoffelpuffer (Mi), Scholle (Do) oder Schnitzel satt (So). Große Holzterrasse. In der Hauptsaison täglich 12–22 Uhr geöffnet.

22 MEIN TIPP: Verklicker – Restaurant & Schiffe

Barkhausenstr. 2, Tel. 9697821. Direkt im Ortskern im Inselhotel Langeoog. Modernes Seefahrerambiente mit unzähligen aktuellen und historischen Schiffsfotos. Gemütliche Sessel und Sitzbänke. Unkomplizierte Küche mit Fisch, Burgern und Steaks. Mittagstisch mit Suppe und kleinen Gerichten. Täglich geöffnet: 7.30–11 Uhr Frühstücksbuffet, 11.30–14 Uhr Mittagstisch, 17.30–21.30 Uhr warme Abendküche.

7 Windlicht

Im gleichnamigen Kino am Hospizplatz 7, Tel. 92250. Reichhaltige Speisekarte mit Eintopf, Fisch, Steak- und Schnitzelgerichten (viele Gerichte auch als kleinere Portion erhältlich), günstiger Mittagstisch. Nach dem Film im Kino kann man sich in der Windlicht-Bar noch ein Bierchen oder ein Glas Wein gönnen. Geöffnet tägl. 12–14.30 und 17.30–21 Uhr, Mi Ruhetag.

Hunde

An die Leine

Hunde sind **außerhalb des Ortsbereiches überall und ganzjährig** an der Leine zu führen. Dies gilt in der Zeit vom 1. März bis 31. Oktober auch für die ausgewiesenen Hundestrände. Am Bade- und Burgenstrand sind Hunde grundsätzlich nicht erlaubt. Innerhalb des Ortes gilt vom 1. März bis 31. Oktober jeden Jahres ebenfalls Leinenpflicht. Verstöße können mit einer Geldbuße geahndet werden.

**Hunde-
strände**

Am allgemeinen Badestrand sind Hunde grundsätzlich nicht er-
laubt. Offizielle Hundestrände sind der **Weststrand** (Übergang
Hunpad/katholische Kirche) und der **Oststrand** (Übergang
Gerk-sin-Spoor). An beiden lassen sich auch Strandkörbe mie-
ten. An verschiedenen Stellen im Ort finden sich sogenannte
HUKO-Spender zur Entsorgung der Hinterlassenschaften.

Unterkunft

Wichtig: Bei der Wahl der Unterkunft ist darauf zu achten, ob
der Vermieter **Hunde zulässt oder nicht.** Zahlreiche Ferienhäuser und Ferienwohnungen und auch Hotels sind auf den Besuch
mit Hunden eingestellt.

Kinder

Familieninsel
Langeoog gilt als Familieninsel. Hier gibt es für Kinder jeden Alters **zahlreiche Angebote** – von Sport und Spiel über Abenteuer, Erlebnis, Basteln und Malen.

Kinderspiel-haus Spöölstuv
Das Kinderspielhaus Spöölstuv am Kavalierpad 3 bietet Eltern und Großeltern mit Kindern und Kleinkindern **viel freie Spielfläche zum Herumtoben** – vor allem bei Regenwetter eine willkommene Abwechslung. Neben einem Indoor-Spielplatz zum Klettern gibt es hier ein Bällebad, eine kleine Bücherei, Gesellschaftsspiele und eine Krabbelecke für die Kleinsten. Sehr beliebt sind auch die Kreativangebote wie zum Beispiel die Malkurse für Kinder ab 8 bzw. 14 Jahren (12 bzw. 30 € inkl. Material). Jungen und Mädchen ab 4 Jahren können gemeinsam mit ihren Eltern beim Quadratlogo-Malen kleine Kunstwerke erstellen (11,50 € inkl. Material) oder aus Muscheln, Schneckenhäusern und anderem Strandgut Urlaubssouvenirs basteln (ab 3 Jahren in Begleitung eines Erwachsenen, 6 € pro Werkstück). Freitags spielt die Langeooger Puppenkiste während der Saison um 15 und um 16 Uhr verschiedene Kasperlestücke (Eintritt 4 €). Vor dem Spielhaus wartet zudem ein Piratenspielschiff darauf, geentert zu werden.

■ **Info:** Die Spöölstuv ist in der Hauptsaison täglich von 10–13 und 15–18 Uhr geöffnet, im Winter Do–So 10–12.30 und 15–17 Uhr, letzter Einlass und Aufräumen jeweils 30 Minuten vor Schließung, Eintritt frei, Tel. 693236.

Schwimmkurse
Ein „Willi-Wasserturm-Abzeichen" wartet auf Kinder ab fünf Jahren, die in den Schulferien in der **Schwimmschule Langeoog** schwimmen lernen. Ein „normales" Seepferdchen gibt es natürlich auch. Weitere Informationen am Empfang des Meerwasser-Erlebnisbades, Tel. 693241.

Babysitter
Am **Info-Schalter im Rathaus** oder über **Tel. 693110** erhält man eine Kontaktliste.

◁ Sonne, Sand und Meer: (Nicht nur) für Kinder perfekt

Wickelräume

Wickelräume gibt es **mehrere:** in der Spöölstuv, im Meerwasser-Erlebnisbad, im Haus der Insel (Foyer) und im Inselbahnhof sowie in den Strandtoilettenhäuschen (Westerpad und Gerk-sin-Spoor) und am Hauptbad.

Spielplätze

Außer dem genannten **Areal am Spöölhus** gibt es einige Meter weiter einen **Spielplatz am Sportzentrum** sowie ein großes **Spielgelände am Schniederdamm** (nahe Flugplatz) und ein kleineres **am Hafen** neben dem Restaurant Kajüte am Hafen. Der schönste Spielplatz ist aber natürlich der Strand selbst.

Trampolin-springen

Am Hauptbad (Kavalierpad 17) können sich Kinder von März bis Oktober auf 14 großen Trampolins austoben. 6 Min. Trampolinspringen kosten 1,50 €, die 12er-Karte 15 €. Bei gutem Wetter täglich ab 10 Uhr.

Langeooger Fußballschule

Finten, Flanken, Zaubertore: Die Langeooger Fußballschule bietet für 6- bis 14-jährige Jungen und Mädchen in den Oster-, Sommer- und Herbstferien **mehrtägige Feriencamps** an. Dienstags bis freitags wird dann von 10 bis 13 Uhr auf dem Sportplatz des TSV Langeoog (Flughafenstraße) trainiert. Die Camps richten sich an alle, die Lust auf Fußball und ein Spiel im Team ha-

lan18_018 sk

ben, auch an Anfänger. Kosten für 12 Stunden: 90 € inklusive Langeoog-Trikot und Obstsnack, Geschwister zahlen zusammen 170 €.

■ **Termine und Anmeldung** unter www.fussballschule-langeoog.de.

Piraten und Meerjungfrauen ahoi!

Kapitän Holger Damwerth lädt Piraten und Meerjungfrauen auf eine abenteuerliche Fahrt. Mit passenden Shirts – die die Kinder behalten dürfen – und stilecht geschminkt, hören die Kinder an Bord die Geschichte von Meerjungfrau *Amelie* und Piratenkapitän *Enno,* um sich dann auf die Suche nach einem legendären Schatz zu machen …

■ **Infos** unter www.ms-flinthoern.de und in der „Insel-Info", Barkhausenstr. 6, Tel. 911990. Die Fahrt kostet 13 € (Kinder 3–14 Jahre 9,50 €).

„Alle Mann an Bord!", heißt es auch bei der **Piratenfahrt der Inselschiffahrt.** Mit Augenklappe und Schatzkarte ausgestattet, geht es auf den Spuren *Klaus Störtebekers* auf Schatzsuche. Als Erinnerung gibt es einen Langeooger Goldtaler.

■ **Karten** gibt es am Inselbahnhof, Tel. 693260, Erw. 15 €, Kinder ab 4 J. 10,50 €.

Kirchen

Langeoogs Kirchen sind sehr aktiv und bieten ein **vielseitiges Programm,** mehr noch für Inselgäste als für Einheimische, mit gut besuchten Gottesdiensten und musikalischen Darbietungen. Ein Veranstaltungskalender steht monatlich im „Utkieker" (siehe „Presse"); er nimmt mehrere Seiten ein.

Evangelische Kirche

Zur Evangelischen Inselkirche in der Hauptstr. 13 (Pfarramt Tel. 922449, www.inselkark.de) gehören das Haus der Kirchengemeinde „Beiboot" und ein Eine-Welt-Laden. Die Kirche wurde von 1888 bis 1890 erbaut und von 1987 bis 1990 umfassend renoviert; interessant ist vor allem das **Altarbild** (siehe „Sehens-

Die Langeooger und ihre Pastoren

Zwischen den auf Langeoog stationierten Pastoren und ihren Schäfchen herrschte **nicht immer eitel Sonnenschein.** Bei einem strengen Verhör durch seine Vorgesetzten in Aurich wurde **Pastor Christian Böttcher** um die Wende zum 18. Jahrhundert ersucht, seine häufige Abwesenheit von der Insel zu erklären. Er gab an, die dortigen Wohnverhältnisse seien nicht menschenwürdig. Außerdem verhielten sich die „Eyländer" ihm gegenüber „gantz widrig, weil er sie in ihrem rohen und wüsten Zustande nicht zum Abendmahl laßen wolle." Denn: Sie lebten „in Feindschaft, Zorn, Neid, Ungerechtigkeit und anderen Sünden." *Böttcher* stand mit seiner Gemeinde chronisch auf dem Kriegsfuß. Die immensen Schäden der Weihnachtsflut von 1717 taten ihr Übriges: Von 1722 bis 1853 (!) blieb die Langeooger Gemeinde unbesetzt.

Der **Inselpastor Peter Friedrich Ludwig Hoffmann** gelangte im Jahre 1862 ebenfalls zu einem wenig schmeichelhaften Urteil über „seine" Langeooger, deren Hauptcharakterzug er mit „roher Sinnlichkeit" beschrieb, „die sich kund thut in allgemeiner, **starcker Trunksucht unter Männern und Weibern,** Gemeinheit, Putzsucht und Hang zum Wohlleben. Folgen davon: Bodenloser Leichtsinn und Nachläßigkeit, Trägheit, Noth und Armuth, Unfriede und Schlechtigkeit." *Hoffmann* kehrte nach nur vier Dienstjahren 1863 aufs Festland zurück.

Ein paar Jahre darauf ergriff der neue Pastor der Insel die Initiative und veranlasste die **Entsendung von zwei Landgendarmen aus Aurich,** um den Trinkgelagen ein Ende zu bereiten und die sittliche Ordnung wiederherzustellen. Der Inselvogt *Kuper,* der es wohl besonders toll getrieben hatte, wurde seines Amtes enthoben.

Viel änderte sich dennoch nicht. Vom Pfingsttag 1892 weiß **Pastor Bußmann** zu berichten, dass vier Teilnehmer beim Abendmahl zugegen waren: der Organist mit seiner Frau, seine Mutter – und er selbst. Und 1898 kam der **Pastor Otto Harms** zu dem Schluss, dass „Fleiß, Sparsamkeit und Ehrlichkeit zwar nicht zu wünschen übrig ließen. Sehr betrübend ist dagegen, daß sich in der Gemeinde drei notorische Trunkenbolde befinden, doch ist ihre Zahl gegen früher geringer geworden."

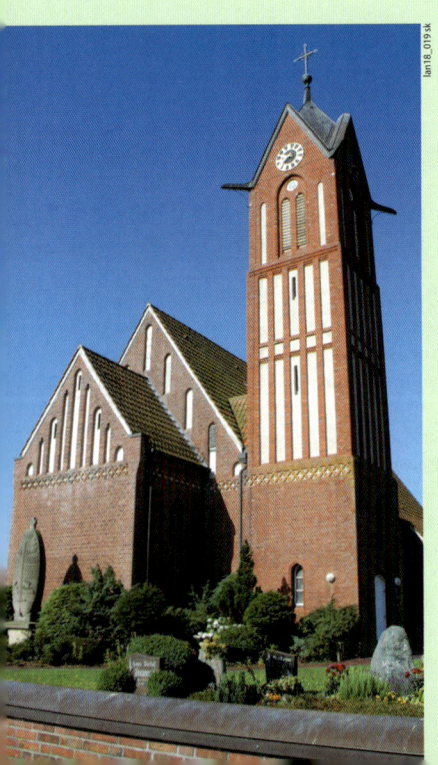

lan18_019-sk

◁ Langeoogs Evangelische Kirche

wertes"). Insulaner und Urlaubsgäste sind für die Begleitung besonderer Gottesdienste regelmäßig zur Spontanchor-Probe eingeladen. Täglich von 9 bis 19 Uhr geöffnet.

Katholische Kirche

Die Katholische Kirche **St. Nikolaus** (Strandjepad 1, Tel. 430, www.kirche-an-der-kueste.de) im Inselwesten stammt aus den Jahren 1961/63. Ihr geschwungener Glockenturm – auf der Insel auch scherzhaft Möwen- oder Nonnenrutsche genannt – soll die Meeresflut symbolisieren. Geöffnet täglich von 8 bis 20 Uhr.

Freie evang. Gemeinde

Die Freie evangelische Gemeinde ist **im Haus Bethanien** (Diakonisches Werk) beheimatet: Barkhausenstr. 33, Tel. 6910, www.hausbethanien.de. Ferien- und Tagungszentrum (großer Komplex), ambulante Pflege, Gottesdienste.

Presse

Zeitungen und Zeitschriften

Zeitungen und Zeitschriften von „Bild" bis „SPIEGEL" gibt es u.a. in der **Buchhandlung Krebs** (unterhalb des Wasserturms) und im **Souvenirgeschäft Seehüssi** (Barkhausenstr. 21).

■ Die **Informationsbroschüre „De Utkieker"** erscheint achtmal im Jahr, von April bis Oktober jeweils am 1. des Monats und zusätzlich am 15. Dezember. Die kleinformatige Broschüre hat über 200 Seiten, liegt in allen Geschäften aus und lässt sich gegen Vorlage der LangeoogCard gratis bekommen. Der Inhalt – das Veranstaltungsprogramm, Werbung, aktuelle Infos aller Art und viele interessante Artikel mit insularem Bezug – ist oft lustig zu lesen und als Informationsquelle sehr nützlich.

■ Die **Inselzeitung „Langeoog News"** erscheint in der Hauptsaison wöchentlich, ansonsten alle 14 Tage. Sie enthält das aktuelle Veranstaltungsprogramm und Neuigkeiten rund um die Insel. Erhältlich ist sie für 1 € pro Ausgabe in den Supermärkten und vielen Einzelhandelsgeschäften. Unter www.langeoognews.de finden sich tagesaktuell ergänzende Artikel und Bildstrecken.

■ Das **„Logbuch Langeoog"** enthält unterhaltsame Artikel über das Inselleben und besondere Restaurant- und Hotelangebote. Die Gratiszeitung erscheint einmal im Jahr und liegt an zahlreichen Stellen im Ort aus, online ist sie zu finden unter www.langeoog-online.de.

■ Die **„Insel-Info"** ist eine tägliche Gratis-Info mit Veranstaltungstipps und dem aktuellen Kinoprogramm. Erhältlich im Supermarkt, in der Insel-Info, Barkhausenstr. 6, und im Info-Café, Wiesenweg 1.

3

Ruhezeiten

Ruhe bitte!

Langeoog ist als Nordseeheilbad ein Kurort mit festgelegten Ruhezeiten von jeweils **13 bis 15 und 20 bis 8 Uhr.** Der Betrieb von Unterhaltungselektronik ist außerhalb geschlossener Räume nicht gestattet, auch nicht am Strand.

Schwimmen

Meerwasser-Erlebnisbad

Wem die Nordsee zu kalt oder zu rau ist, der möge auf Langeoogs Meerwasser-Erlebnisbad ausweichen. Dort brandet es in einem **großen Becken** bei 28°C, und in einem kleinen können sich Kinder mit ihren Eltern bei 34°C in einer **Flachwasserzone** vergnügen oder auf einer 42 m langen **Wasserrutsche** dahinsausen. Angeschlossen ist auch eine **Saunalandschaft** mit fünf verschiedenen Saunen, u.a. eine Dünensauna mit Außenbereich und Sonnendeck mit Strandkörben, und natürlich fehlt's auch nicht an Wickeltischen.

■ **Info:** In der Hauptsaison hat das Bad Di–So 10–18 Uhr geöffnet, die Saunalandschaft Di–Fr 14–20.30 Uhr sowie Sa/So 10–18 Uhr. In den Wintermonaten gelten kürzere Öffnungszeiten.

Ein echtes Schmankerl: **„Badespaß zum Nulltarif"**! Mit der LangeoogCard lässt sich der Besuch in der Hauptsaison 90 Minuten, in der übrigen Zeit sogar 2 Stunden lang gratis genießen (inklusive Umkleidezeit). Ist die Gratis-Badezeit überschritten, fällt ein Aufpreis von 2 € (3 Std.) bzw. 4 € (Tageskarte) an. Kinder unter 6 Jahren haben freien Eintritt. Der Besuch der Sauna kostet 16 € p.P., und zwar ohne Zeitbegrenzung.

Sport

Sport hat auf Langeoog eine **lange Tradition.** Auch wenn Entspannung und Entschleunigung zwei der Hauptgründe für eine Reise auf die Insel sind, ist der Anteil an Gästen, die sich gerne bewegen möchten, sehr hoch. Sie treffen auf sportlich engagierte Insulaner und abwechslungsreiche Betätigungsmöglichkeiten. Ein Höhepunkt im Inselkalender ist das jährlich im Sommer zwischen Spiekeroog und Langeoog ausgetragene **Schlagballturnier,** das immer im Wechsel auf den Inseln stattfindet und stets zahlreiche Zuschauer begeistert. Langeoog wird 2019 wieder Gastgeber sein.

Angebote des Sportteams

Im Sportpalast am Strand (Übergang Hauptbad) befindet sich vom 1. Mai bis 15. September das Domizil des Sportteams des Tourismus-Service Langeoog. Dort gibt es jede Menge Infos zu verschiedenen Sportarten und von sonntags bis freitags zahlreiche kostenlose Sportangebote – angefangen von der beliebten

lan18_024 sk

Strandgymnastik „Fit in den Tag" über Badminton, Body Workout, Beachvolleyball, Beachsoccer und Thalasso-Beach-Walking bis zu Eltern-Kind-Sport (mit Kindern ab 3 Jahren), Kidsfit (10–14 Jahre), Rückenfit und Sandburgenbau, um nur eine Auswahl zu nennen. **Im Sportzentrum am Kavalierpad 15** gibt es kostenpflichtige Angebote (7 € pro Termin, 10er-Karte 50 €), beispielsweise Pilates, Zirkel- und Langhanteltraining. **Im Kur- und Wellness-Center** finden sich weitere Entspannungs- und Bewegungsangebote wie Yoga, TriloChi und Kurse für gezieltes Muskelaufbautraining – etwa für den Rücken – sowie Entpannungs- und Atemtechniken, zudem Aquafitness, Aquapower und Aquacycling. Je nach Kurs fallen für diese Angebote bis zu 12 € pro Termin an.

Sportabzeichen

Regelmäßig nimmt das Sportteam **von Mai bis September** auch Sportabzeichen ab, für Kinder gibt es Minisportabzeichenprüfungen. Termine werden rechtzeitig bekanntgegeben.

■ **Info:** Der Sportpalast am Sportstrand ist vom 1. Mai bis 15. September außer samstags mehrere Stunden am Tag geöffnet. Das Sportbüro des Sportzentrums, Kavalierpad 15, ist von März bis November ebenfalls täglich außer samstags besetzt. Genaue Zeiten werden im „Utkieker" und den örtlichen Aushängen bekannt gegeben. Die Telefonnummer des Sportteams lautet ganzjährig 0174/1553347.

Angeln

Außerhalb der Naturschutzgebiete, der Badestrände und des Hafens ist Angeln in der Nordsee auch **ohne Angelschein** überall erlaubt. Beliebte Beutefische sind Scholle, Flunder und Wolfsbarsch.

Hochsee-angeln

Hochseeangeltouren finden **mit dem Fischkutter „Möwe"** zu verschiedenen Terminen statt.

■ **Infos** im Fischgeschäft Klette, An den Bauhöfen 2, Tel. 912960.

Drachen-steigen

Am Bade- und Burgenstrand sind Drachen außen vor. Sogar der Sportstrand ist ausgenommen. Und auch im gesamten Naturschutzgebiet ist es streng verboten, Drachen steigen zu lassen. Bleibt der **Drachenstrand** weiter östlich (Übergang Pirolatal). Aber auch dort sollten sich Drachenpiloten um gegenseitige Rücksicht bemühen und auf andere Strandgäste achten. Besondere Vorsicht ist auch angezeigt, wenn Pferde in Sicht sind; die Rösser drehen angesichts der surrenden Flieger leicht durch und werfen unter Umständen dann ihre Reiter ab.

Fußball

Bälle und Torstangen für Spiele **am Sportstrand** kann man sich im Sportpalast ausleihen. Außerdem gibt es **Bolzplätze** bei der Reithalle Kuper (Zugang Hafenstraße) und an der Willrath-Dreesen-Straße sowie zwei **Fußball-Billard-Plätze** am Sportzentrum, Kavalierpad 15. Für Jungen und Mädchen von 6 bis 14 Jahren wird in den Ferien sogar eine **„Fußballschule"** angeboten (siehe oben im Kapitel „Kinder" unter „Langeooger Fußballschule").

Golf

Die **9-Loch-Golfanlage „An't Diek"** (südlich des Flugplatzes) in naturbelassener Landschaft zwischen Dünen, dem Inselwäldchen und dem Deich existiert seit 2009. Trotz seiner Überschaubarkeit ist der Golfplatz nicht ganz leicht zu spielen, denn er steckt voller Wasserhindernisse und taktisch angelegter Bunker – und der Wind tut ein Übriges. Alles in allem eine echte Herausforderung für jedes Handicap. Die Fairways werden von Sanddornsträuchern, wilden Apfelbäumen und Holunderbüschen gesäumt. Schnuppertraining, Einzeltraining und Platzreife buchbar von April bis Oktober. Spieler mit eingetragenem Handicap können den Platz nahezu ganzjährig nutzen. Vermietung von Schlägern und Trolleys. Zahlreiche, auch für Gäste offene Turniere.

■ **Kontakt:** Golfclub Insel Langeoog e.V., Flughafenstr. 2, Tel. 990246, www.golfclub-insel-langeoog.de.

„Langeoog läuft"

Jährlich findet die bei Langeoogern und Gästen beliebte **dreiteilige Laufserie** „Langeoog läuft" statt. Sie besteht aus einem Osterlauf, dem Abendlauf im Sommer (mit einem Teilstück am Sandstrand) sowie dem Sanddornlauf im Herbst (jeweils verschiedene Strecken, z.B. Halb- und Viertel-Marathon, 5- oder 10-km-Lauf oder Walk, Bambini-Lauf).

■ **Info und Anmeldung** unter www.langeoog-laeuft.de. Startpaket mit Fährticket, Startnummer, Verpflegung auf der Strecke und im Ziel, Medaille und Urkunde buchbar. Nachmeldungen sind auch am Veranstaltungstag noch möglich. Die Termine 2018: Osterlauf 2. April, Abendlauf 24. Juli, Sanddornlauf 8. Sept.

Minigolf

Der Name des **Cafés Golfstuben** (Hafenstr. 30/Bahndamm) kann eventuell zu Missverständnissen führen, denn dort ist nur Minigolf angesagt. Der „richtige" Golfclub tagt im Restaurant La Perla am Flugplatz. Die Minigolfanlage ist täglich außer dienstags ab 10 Uhr geöffnet, Tel. 1392.

3

Kleines
Schlopp

Schlopp-
see

Großes
Schlopp

20

Melkhörndüne

Pirolatal

Langeoog

Bahnhof

Sport-
fischerteich

Flugplatz

Golfplatz

L A N G E O O G E R

Inselwäldchen

● **Minigolf**

Flinthörnhütte
Vogelbeobachtung

Hafen

Flinthörn

Bensersiel

**Nordic
Walking**

Auf der Insel gibt es **fünf Nordic-Walking-Routen,** die zwischen 5,2 und 21,3 km lang sind und deren Anspruch von leicht bis schwierig reicht. Eine Übersichtstafel mit allen Routen befindet sich im Kurzentrum.

Reiten

Eine bekannte Adresse für den Pferdesport auf Langeoog ist die **Reithalle E. Kuper.** Angeboten werden dort Ponyführen, Unterricht und Ausritte, letztere täglich in der Saison für etwa 17 € pro Stunde und manche bis ans Ostende der Insel. Wer sein eigenes Pferd mitbringt, kann eine Box für das Ross mieten. Umgekehrt darf man im Winter ein Kuper-Pferd mit nach Hause nehmen. Es muss dort lediglich gut gepflegt, versorgt und gefüttert werden. Außerdem finden nach vorheriger Absprache Kutschfahrten statt, etwa zur Meierei; auch Hochzeitskutschen stehen zur Verfügung.

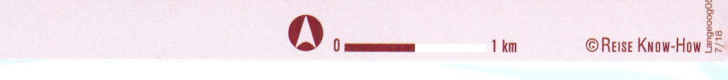

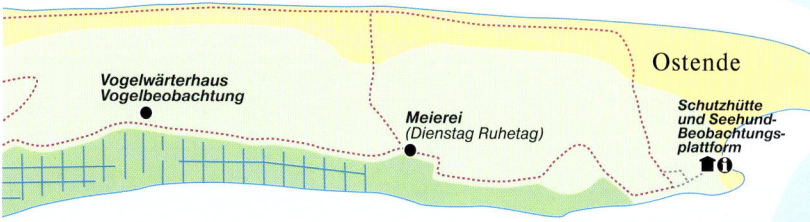

Ostende

Vogelwärterhaus Vogelbeobachtung ●

Meierei (Dienstag Ruhetag) ●

Schutzhütte und Seehund-Beobachtungsplattform

I N S E L W A T T

┈┈┈ Reitwege

■ **Reithalle E. Kuper,** Süderdünenring 1, Tel. 6269, www.reithalle-kuper-langeoog.de.

Der **Reiterhof To'n Peerstall** am Schniederdamm ist ein moderner Reitbetrieb mit Angeboten für fast jedes Alter mit und ohne Vorkenntnisse. Kleinkinder können sich bei einem Spaziergang auf dem Shetlandpony von ihren Eltern führen lassen. Kinder ab 5 Jahren starten spielerisch in der Ponygruppe, der Longenunterricht für alle ab 6 Jahren vermittelt Grundkenntnisse (Einzelunterricht, 25 Min., 17 €). Für Fortgeschrittene ist Gruppen- oder Einzelunterricht in der Dressur und im Springen möglich (bis zur Klasse A, auf Anfrage). Erfahrene Reiter können mit ortskundiger Begleitung verschiedene Strandausritte machen (jeweils 1½ Std., 25 €). Eigene Pferde können in einer Gastpferdebox oder auf der Gastweide untergebracht werden.

3

lan18_020.tp

Ein besonderes Highlight für Familien dürfte die **Ponykutsche zum Selberfahren** sein, in der bis zu zwei Erwachsene und zwei Kinder Platz finden. Die Kutsche wird dann von einem „absolut verkehrssicheren" Pony gezogen (1 Std., 23 €).

Der Reiterhof hat in der Saison täglich, im Winter auf Anfrage geöffnet.

■ **Reiterhof To'n Peerstall,** Schniederdamm 8, Tel. 725, www.langeooger-reiterhof.de.

Segeln

Die **Segelschule Langeoog,** 1998 von *Arvid Männicke* gegründet, liegt am Langeooger Jachthafen. Angeboten werden Jollen-, Opti- und Catkurse für alle Altersgruppen. Kinder ab 6 Jahren starten im geschützten Hafenbecken, Anfänger auf der geschützten Wattenmeerseite der Insel. Es ist möglich, diverse Scheine zu erwerben. Für Kurse mit staatlichen Prüfungen ist eine rechtzeitige Anmeldung erforderlich.

■ **Segelschule Langeoog,** Hafendeichstraße 15, Tel. 6699 oder 0171/8909238, www.segelschule-langeoog.de.

Tango

Tango-Argentino-Workshops für Singles und Paare finden mittwochs von 16–17.30 Uhr im Beiboot, Hauptstr. 15, statt. Preis pro Person und Workshop: 12 €, keine Vorkenntnisse erforderlich, bequeme Schuhe mitbringen. Anmeldung bei *Susanne Sattler,* Tel. 0160/7739583.

Thalasso-Therapiewege

Seit Juni 2014 ist Langeoog als Thalasso-Nordseeheilbad zertifiziert. Thalasso (abgeleitet vom altgriechischen Wort für „Meer") nutzt in unterschiedlichen Therapieanwendungen **alle Elemente des Meeres** wie Meerwasser, Meeresluft, Meersalz, Schlick, Algen und Sand u.a. zur Steigerung der Immunabwehr, der Verbesserung von Atembeschwerden und Hautreizungen. Es gibt auf Langeoog vier ausgewiesene Thalasso-Therapiewege mit unterschiedlichen Reizstufen von 2,7 bis 9,6 Kilometern Länge (Rund um den Wasserturm/Durch das Inseldorf/Zur Melkhörndüne/Rundgang am Badestrand). Infos und Wegepläne gibt es im Kur- und Wellness-Center.

Thalasso-Lauftreff

Der Thalasso-Lauftreff des TSV Langeoog richtet sich an Anfänger und Fortgeschrittene gleichermaßen. Gelaufen wird auf befestigten Wegen, im Wäldchen und am Strand. Nach einer Aufwärmphase rund 1 Stunde, bei Bedarf auch mit Gehpausen. **Start und Ziel ist am TSV-Heim am Sportplatz,** Flughafenstr. 3. Mittwochs und freitags, 15 Uhr, Teilnahme kostenlos.

Tennis

Im Sportzentrum am Kavalierpad 15 gibt es sowohl einen Outdoor- als auch einen Indoor-Tennisplatz. Die Plätze kann man beim Sportteam unter Tel. 0174/1553347 oder direkt vor Ort mieten. In den Hauptferienzeiten wird hier auch **Tennisunterricht** angeboten (Einzel- und Gruppenstunden), zudem kostenfreies **Schnuppertennis** (Mo und Mi 11–11.45 Uhr für alle ab 16 Jahren, 12–12.45 Uhr für Kinder und Jugendliche). Weitere Infos unter www.nordsee-tennis.de, Tel. 0151/17269049.

Tischtennis

Die Langeooger **Tischtennishalle** unterhalb des Restaurants Seekrug (Höhenpromenade/Inselhospiz) ist eine recht geräumige Einrichtung. Normalerweise wird in ihr täglich zwischen 10 und 17 Uhr gespielt, in der Hauptsaison gerne auch länger, im Winter kürzer. Tischtennisschläger und -bälle können gegen Vorlage der LangeoogCard im Sportzentrum, Kavalierpad 15, oder im Sportpalast am Strand ausgeliehen werden. Im Sportzentrum stehen im Außenbereich ebenfalls Tischtennisplatten zur Verfügung.

3

Wanderwege und Naturpfade

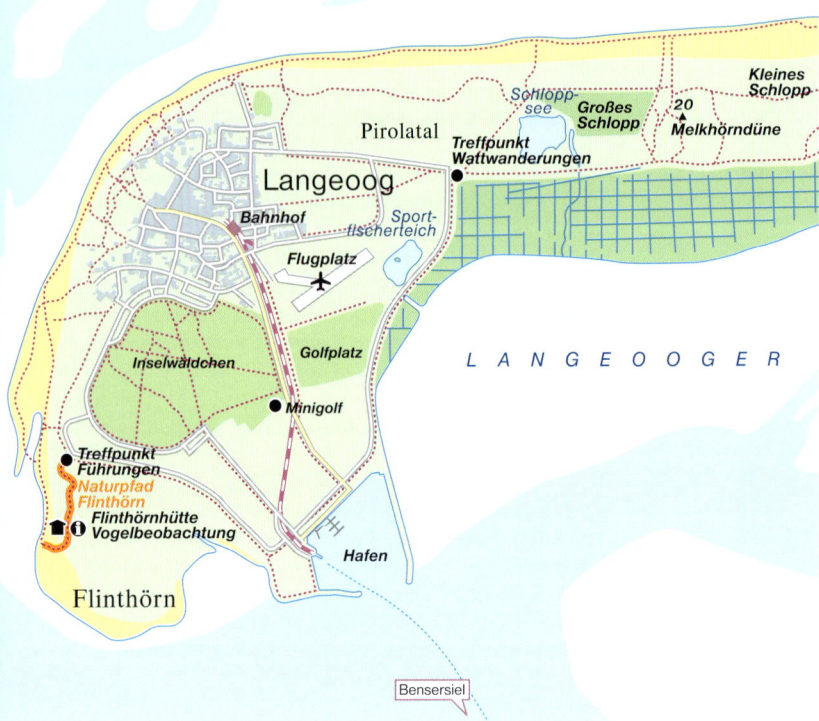

Volleyball

Im Sportpalast am Sportstrand lassen sich Volleybälle ausleihen. Dort befinden sich im Sommer auch Spielfelder. Ein weiteres Volleyballfeld ist **am Sportzentrum,** Kavalierpad 15.

Wandern

Langeoog eignet sich ideal für Wandertouren. Auch wenn es vielerorts Naturschutzgebiete und Dünenareale gibt, die nicht betreten werden dürfen, reicht das bestehende (grün markierte)
Wegenetz von insgesamt 40 km vollkommen aus, um sich viele
Tage unter stets neuen Aspekten per pedes zu bewegen. Auf das
Risiko, die 12 km Gesamtlänge der Insel unter die Füße zu nehmen, obwohl man ja auch noch zurück muss, wurde bereits unter „Fortbewegung" hingewiesen. Immerhin aber stehen auf dieser Strecke Schutzhütten der Nationalparkverwaltung, in denen
man bei ungünstigem Wetter unterkriechen kann.

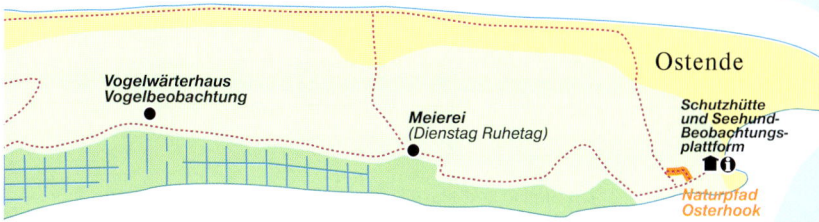

Ostende

Vogelwärterhaus
Vogelbeobachtung

Meierei
(Dienstag Ruhetag)

Schutzhütte
und Seehund-
Beobachtungs-
plattform

Naturpfad
Osterhook

I N S E L W A T T

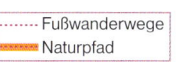

········· Fußwanderwege
▬▬▬ Naturpfad

Wer es bescheidener mag, umrundet den Ort in einer gemütlichen Nachmittagstour, legt im Inselwäldchen ein paar Kilometer im Zickzack zurück oder pilgert zum Hafen hinaus, um zu sehen, was sich dort so tut. Besonders hübsch ist auch eine Wanderung durch das **Pirolatal** (siehe Karte) mit seiner urigen Vegetation. Der exotische Name stammt übrigens von einer orchideenartigen Pflanze dieses Namens (*Pyrola rotundifolia,* Rundblättriges Wintergrün), die unter strengem Naturschutz steht und auf der Insel auch „Dünenmaiglöckchen" genannt wird.

Um am Strand weit nach Osten hinauszuwandern, sollte man zuvor den **Tidekalender konsultieren,** den es gratis bei der Kurverwaltung gibt. Bei Hochwasser gerät man oben am Strand nämlich oft in sehr weichen Sand, in dem das Vorankommen mühsam ist. Bei Ebbe ist der Untergrund zumeist hart und somit

3

Fußmärschen förderlich. Notfalls muss man auf die im Innern der Insel gelegenen befestigten Pfade ausweichen – über eine zugelassene Dünentraverse natürlich.

Es empfiehlt sich – besonders für Kinder –, möglichst oft **barfuß** zu laufen. Schwere Wanderstiefel oder Turnschuhe sind am Strand völlig fehl am Platze, es sei denn im Winter.

**Windsurfen/
Kiten/Stand
up Paddeling
(SUP)**

Am Surfstrand (s.u.) lässt sich von Anfang Mai bis Ende September bei „meist großartigen Bedingungen" das **Windsurfen** lernen. Neoprenanzüge, Surfbrett und Segel werden gestellt. Kinder können ab 6 Jahren einen Kurs belegen, wenn sie sicher schwimmen können. Neben **Schnupper-, Grund- und Aufbaukursen** kann man auch Boards leihen (oder für 30 €/Woche einlagern) und den VDWS-Schein erwerben. Ein ereignisreicher Surftag endet auch mal mit einer zünftigen Grillparty. An diesem Strand ist auch **Kiten (Einsteiger-, Aufsteiger- und Exper-**

lan18_021 pb

tenkurse sowie Privatunterricht) und **Stand up Paddeling** (**Grundkurse** sowie Verleih von Board und Paddel für 10 €/Std.) möglich. Die vorgelagerte Sandbank schützt vor allzu hohen Wellen, sodass sich das Stehrevier gut für Anfänger eignet.

■ **Info:** PROBOARDER Kite- und Windsurfschule Langeoog, Tel. 0163/6838855, www.windsurfing-langeoog.eu, sowie Tel. 0171/6776688, www.kiteboarding-langeoog.eu.

Strände

Bade- und Burgenstrand

Es ist angenehm, dass man auf Langeoog einen Cordon sanitaire in Gestalt eines Dünengürtels zwischen Ort und Strand gelassen hat. Vom Meeresufer aus hört und sieht man so gut wie nichts von Langeoog Town und kann sich in Strandwildnis wähnen – nun, fast zumindest. Langeoogs Bade- und Burgenstrand, etwa **zwei Kilometer lang,** liegt direkt vor dem Ort. Man zielt am besten auf den Wasserturm, läuft rechts daran vorbei, und schon ist man am Meer. Es gibt noch weitere Zugänge, und nur die dürfen benutzt werden, um zum Strand zu gelangen – nicht über die verletzlichen Dünen abkürzen! Und Vorsicht: Die Sandauflage auf den zum Strand hinabführenden Bohlenwegen kann ganz schön rutschig sein!

Strandkörbe

Zunächst gerät man in das große Areal der Strandkörbe. Sie werden vom Tourismus-Service Langeoog während der Saison **direkt am Strand vermietet** (Service-Container, siehe Umschlagkarte vorn). Reservierungen sind in Verbindung mit einer LangeoogCard-Vorbestellung bis spätestens vier Wochen vor Reiseantritt möglich (siehe „LangeoogCard"). Bei **Vorbestellung** bis zum 15. Mai gibt es einen Frühbucher-Rabatt von 10%. Es empfiehlt sich, einen Korb für den gesamten Aufenthalt zu reservieren, weil Verlängerungen später oft nicht möglich sind (die Wärter im Kabäuschen am Strand wissen aber, wann ein Korb frei wird, und man kann dann gleich zuschlagen).

◁ Unterricht am Surfstrand

Strandkorb-Preise

Mietpreise pro Tag

- **½ Tag (ab 14 Uhr):** 6,00 €
- **1–3 Tage:** 10,00 €
- **4–6 Tage:** 9,50 €
- **7–12 Tage:** 9,00 €
- **ab 13 Tage:** 8,50 €

Amtliche Badesaison

Die Strandwachttürme sind **von Mai bis September** mit Rettungsschwimmern der DLRG besetzt. Täglich werden dort die Badezeiten und aktuellen Temperaturen angeschlagen. Rot-gelbe Begrenzungsflaggen kennzeichnen den Bereich, der von den Rettungsschwimmern überwacht wird.

Signale am Strand

Die ganztägig besetzten **Strandwachttürme** weisen mit Signalen bzw. Flaggen auf verschiedene Situationen hin (siehe Abbildung rechts).

☑ Strandwachtturm der Deutschen Lebens-Rettungs-Gesellschaft

lan18_022 sk

FKK

Langeoog besitzt **kein ausgewiesenes Areal** für FKK-Anhänger. Sie legen zumeist auf den 2–3 km östlich des Ortes gelegenen Strandabschnitten ihre Hüllen ab, und niemand nimmt Anstoß daran.

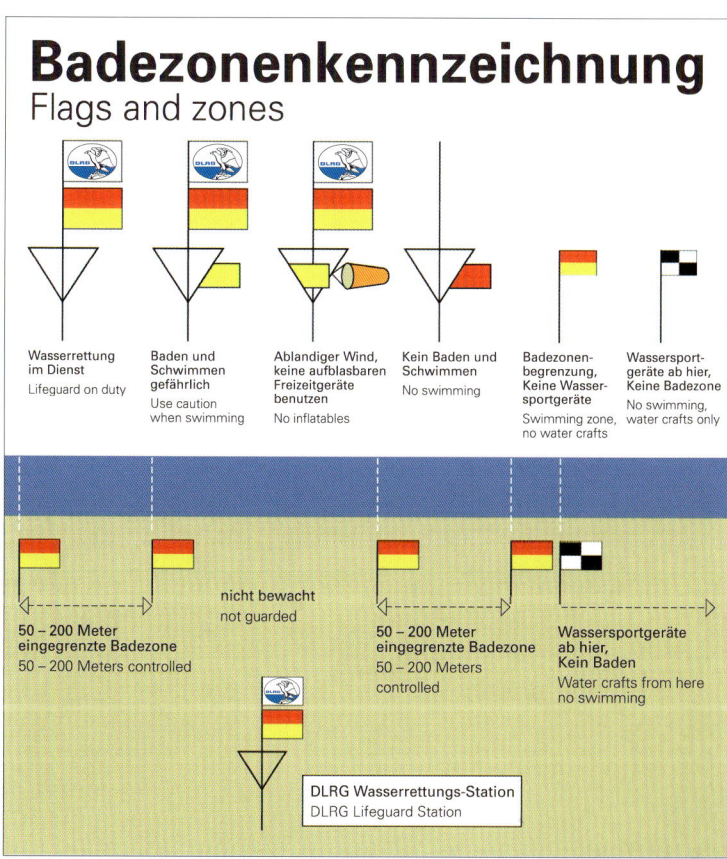

Badezonenkennzeichnung
Flags and zones

Wasserrettung im Dienst
Lifeguard on duty

Baden und Schwimmen gefährlich
Use caution when swimming

Ablandiger Wind, keine aufblasbaren Freizeitgeräte benutzen
No inflatables

Kein Baden und Schwimmen
No swimming

Badezonen-begrenzung, Keine Wasser-sportgeräte
Swimming zone, no water crafts

Wassersport-geräte ab hier, Keine Badezone
No swimming, water crafts only

nicht bewacht
not guarded

50 – 200 Meter eingegrenzte Badezone
50 – 200 Meters controlled

50 – 200 Meter eingegrenzte Badezone
50 – 200 Meters controlled

Wassersportgeräte ab hier,
Kein Baden
Water crafts from here no swimming

DLRG Wasserrettungs-Station
DLRG Lifeguard Station

Nichtraucher-Strände

Immerhin hat Langeoog nach langem Ringen, beginnend 2007, zwei Strandareale für Nichtraucher abgeteilt – die beiden **Strandabschnitte D** (nahe des Hauptbades) **und J.** Hier buchen vor allem Familien mit Kleinkindern ihre Strandkörbe, da sie keine Zigarettenstummel im Sand fürchten müssen (Lage siehe

Karte in der vorderen Umschlagklappe). Auf den anderen Flächen müssen sich Badegäste weiterhin mit rauchenden Urlaubern arrangieren. Beim Strandkorbservice und in der Tourismus-Info im Rathaus sind Langeooger **Strandaschenbecher** (2,90 €) erhältlich.

Surfstrand

Auf der westlichen Verlängerung des Bade- und Burgenstrandes (Übergang Hunpad) sieht man häufig einen Stapel Boards und mitunter ein paar Surfer im Wasser. Gesurft (auch gekitet) wird **von Anfang Mai bis Ende September.** In dieser Zeit ist das Surferareal **durch weiße und rote Bojen abgegrenzt.** Wer die Markierungen ignoriert, gerät mit der Nationalparkverwaltung in Konflikt, denn vor allem Kites verschrecken die Vogelwelt. Zudem müssen Surfer und Kiter 100 Meter Abstand (vom Wasser aus gesehen) zu den Badestränden halten.

Burgenbau

Deutschlands Männer, groß und klein, finden unendliches Vergnügen darin, an Sandstränden eine „Burg" zu bauen. **Riesenspaß** bietet vor allem eine Konstruktion, die bei auflaufendem Wasser von der Nordsee zerstört wird. 1998 beging die Langeooger Verwaltung den verhängnisvollen Fehler, den Bauherren die Abmessungen ihrer Werke vorschreiben zu wollen, und die ganze Republik lachte über den Ostfriesenwitz. Doch das ist Schnee von gestern. Jedermann darf sich heute seine Burg so konstruieren, wie er gerade möchte; es gibt sogar einen speziellen „Burgenstrand". Es wird nur darum gebeten, das Kastell nicht mit einer Fallgrube zu versehen, in der sich Strandläufer die Beine brechen können, und auch die Strandkörbe nicht in den Bau einzubeziehen. Falls Hochwasser sie erreicht, sitzen sie nämlich alsbald wie betoniert im Sand fest und müssen notfalls sogar mit Motorkraft freigehoben werden.

◁ Sommertag am Strand

Sandbank

Im Allgemeinen sind Langeoogs Strände flach und deshalb durchaus sicher. Zu einem Problem hat sich seit einiger Zeit die Sandbank entwickelt, die **vor dem westlichen Hauptstrand** immer größer wird und die ein ansehnlicher Priel bei Hochwasser vom Land trennt. Der Tourismus-Service Langeoog und die DLRG warnen dringend davor, die Plate zu betreten. Ein harmloser Spaziergang dort kann leicht riskante Dimensionen annehmen, wenn die Flut rascher steigt als erwartet und den Rückweg abschneidet oder wenn Seenebel plötzlich die Sicht nimmt.

⌄ Ruhige See

3

Seit 2014 ist die Sandbank noch gefährlicher geworden, nachdem sich ein Durchbruch ereignet hat, der in der Rinne zwischen den Strandübergängen Westerpad und Kirchpad zu reißender Strömung führt und einen Rückzug von der Sandbank zum Strand unter Umständen unmöglich macht.

Teure Rettungen

Regelmäßig müssen Spaziergänger, die die Gefahr unterschätzen und von der Flut überrascht werden, von der Freiwilligen Feuerwehr Langeoog gerettet werden; mitunter bereits bis zu den Oberschenkeln im Schlick steckend. Ein eigens für diesen Zweck angeschafftes Luftkissenfahrzeug soll zukünftig Hubschraubereinsätze vermeiden. Die Inselverwaltung bittet dringend, die **Tidenzeiten im Blick** zu **behalten** und spätestens bei Niedrigwas-

lan16_034 tc

3

ser umzukehren sowie **Markierungen und Warnhinweise am Strand ernst** zu **nehmen.** Die hohen Kosten aus selbst verschuldeten Notsituationen müssen von den Geretteten getragen werden. **Gezeitentabellen** sind kostenlos im Rathaus und im Bahnhofsgebäude zu bekommen; sie stehen zudem auf der Titelseite der „Langeoog News" sowie der „Insel-Info".

Strömungen

Zu unterlassen sind Mutproben wie das Durchschwimmen der Rinnen zwischen den Inseln, so der Accumer Ee (im Westen, nach Baltrum) oder der Otzumer Balje (im Osten, nach Spiekeroog). Bei ablaufendem Wasser nehmen die Strömungen dort **rasante Geschwindigkeiten** an; dagegen anschwimmen ist zwecklos, und den erschöpften Kraftmeier treibt es alsbald auf die hohe See hinaus.

Unterkühlung

Wer vor Kälte blau anläuft, darf nicht durch Bewegung („Warmlaufen") weitere Wärme verlieren: Dick einmummeln, möglichst bald eine **heiße Dusche** nehmen (nicht bei extremer Unterkühlung). **Kein Alkohol,** auch kein heißer Grog! Alkoholgenuss führt zu weiterem Wärmeverlust. Heißer Ostfriesentee ist das Richtige. Man unterschätze nicht den Wärmeentzug durch das auch im Sommer recht kalte Wasser der Nordsee!

Wadenkrampf im Wasser

Passiert leicht **bei Kälte und Überanstrengung.** Das verkrampfte Bein in Rückenlage lang ausstrecken (auch wenn's wehtut) und die große Zehe mit der Hand nach oben ziehen; der Krampf löst sich dann augenblicklich. Das Wasser verlassen, ausruhen.

Seegang

Bei **kräftiger Brandung** macht das Baden in der See den größten Spaß. Schwache Schwimmer sind dann aber am stärksten gefährdet. Der Grund: Das Mischelement aus Wasser und Luftblasen ist weniger tragfähig als unbewegtes Wasser. In ihm muss der Schwimmer mehr Energie aufbringen und ermüdet mithin schneller. Wer keine Reserven hat, gerät dann bald in Schwierigkeiten. Die rote Flagge warnt vor starker Brandung.

Um etwas **mehr Schwimmkraft** zu entwickeln, spreize man die Finger ein bisschen. Das klingt paradox, aber zwischen den Fingern entsteht dann eine Schwimmhaut aus Wasser, die mehr Push verschafft.

Quallen

Die Erwärmung des Seewassers hat zu einer Verbreitung verschiedener Quallenarten geführt. **In der Mehrzahl sind sie völlig harmlos.** Falls es beim Schwimmen mal piekt, ist das nicht der Fall; dann sollte man sich flugs aufs Trockene begeben. Nicht abrubbeln, schon gar nicht mit Sand, Süßwasser oder einem Handtuch. Essig schafft umgehende Abhilfe – hoffentlich ist welcher greifbar. Das Auftragen einer dicken Schicht Sonnenlotion vor dem Bad ist die halbe Miete – da kommt kaum eine Qualle durch.

Unterhaltung

Viele Veranstaltungen

Die Palette der Veranstaltungen – Lesungen, Klassik, Kabarett, Comedy, Konzerte, Film- und Infoabende – ist riesengroß. **Bis weit in die Nebensaison** hinein finden täglich mehrere Programme statt, die detailliert im „Utkieker", im täglichen Infoblatt „Insel-Info", in den „Langeoog News" und ortsweit in Aushängen angekündigt werden. Kulturelle Veranstaltungen des Tourismus-Service Langeoog finden dabei in der Regel im Haus der Insel im Kurzentrum statt.

Neues Eventhaus

Mit dem **„Neei Bauhoff"** gibt es seit April 2017 ein weiteres Tagungs- und Veranstaltungshaus. Geschäftsführerin *Friederike Depping-Schreiber* ist ausgebildete Klang-Therapeutin und Yogalehrerin und bietet Klangschalen-Seminare und Kurse für Stressmanagement und Burn-Out-Prophylaxe an. Regelmäßig finden besondere Aktionswochen und zudem Bühnenveranstaltungen, Kleinkunst und Konzerte, etwa der beliebten Langeooger Band *Washhouse Company* (Sea Songs, Irish Folk & More), statt.

■ **Neei Bauhoff,** An den Bauhöfen 6, Tel. 9906677, www.veranstaltungshaus-langeoog-nordsee.de. Termine im „Utkieker", in den „Langeoog News" und auf www.langeoog.de sowie für die Klangschalen-Seminare auch unter www.peter-hess-institut.de.

Büchereien

Neben der Kinder- und Jugendbibliothek **in der Spöölstuv** am Kavalierpad gibt es eine Bücherei und Lese-Lounge mit Tagespresse und kostenlosem WLAN **im Haus der Insel** (täglich 10–17 Uhr) sowie die Vertrauensbibliothek mit fast 3000 Büchern **im Gemeindehaus „Beiboot"** neben der evangelischen Kirche, Hauptstr. 15 (täglich durchgehend geöffnet, Ausleihe kostenfrei und ohne Ausweis möglich, auch Bücher-Flohmarkt mit aussortierten Bänden).

Chöre

Im Haus der Insel wird **von März bis Oktober** zumeist montags um 20 Uhr gesungen. Der Langeoog-Chor „De Likedeeler" und der Shanty-Chor „De Flinthörners" legen dann mächtig los. Eintritt um 5 €. Kartenvorverkauf u.a. in der Tourist-Info am Rathaus und in der Buchhandlung Krebs am Wasserturm. Beliebt sind auch die Konzerte des Langeooger Gospelchores, der mehrmals im Jahr in der evangelischen Kirche zu hören ist.

Nachtleben

Wer auf Langeoog bis in die frühen Morgenstunden feiern und tanzen möchte, ist in der **Düne 13** richtig. Die **Musik- und Partykneipe** direkt am Meer ist in der Saison von Di bis So ab 20 Uhr geöffnet, „bis der Letzte geht", was laut Inhaber *Ron Piekarski* meist irgendwann zwischen 5 und 8 Uhr der Fall ist. Bei schönem Wetter ist ab 17.30 Uhr Dämmerschoppen. Gäste lieben die urige Atmosphäre, die Partygänger von 18 bis 80 Jahren anlockt (Jugendliche nur in Begleitung von Erziehungsberechtigten) und schwärmen von einem Team mit Herz und den fairen Preisen, z.B. 3 bzw. 4,50 € für ein Beck's (0,3/0,5 l), 6 € für Longdrinks und 8 € für Cocktails. Regelmäßig wird auch gemeinsam Fußball geguckt.

1 Die Düne 13, Höhenpromenade 1, Tel. 0162/1355997, FB Die Düne 13 Langeoog.

lan18_025 ts

Dünensingen

Im Sommer **jeden Di um 20 Uhr im Dünental zwischen Hauptbad und Wasserturm.** Mit Akkordeonbegleitung. Kostenlos und sehr populär. Gesungen wird aus dem Langeooger Liederbuch, das vor Ort für 1,50 € erhältlich ist. Bis zu 200 Sängerinnen und Sänger treffen sich hier, wenn *Herbert Burmester* Lieder wie „Das kann doch einen Seemann nicht erschüttern", „Dat du min Leevsten büst" oder „Lili Marleen" anstimmt. Bei Regen findet das Dünensingen unter dem Vordach der Apotheke, Am Wasserturm 8, statt. Im Frühjahr und Herbst beginnt das Dünensingen bereits eher, einfach die Aushänge beachten.

Inselfest

Das **„Dörpfest"** findet **jedes Jahr am letzten Juliwochenende** statt, das nächste Mal also am 28. und 29. Juli 2018. Das bunte Straßenfest zwischen Rathaus, Wasserturm und Kurviertel lockt mit zahlreichen Ständen, Aktionen und viel Musik Inselgäste und Gastgeber gleichermaßen auf die Straßen. Für Tagesgäste fahren zusätzliche Spätschiffe.

Jugendhaus am Meer

Langeoogs Jugendhaus am Meer – kurz JAM – steht in der Flughafenstr. 1. Die Langeooger Jugend öffnet ihr Haus für Kinder und Jugendliche ab 12 Jahren. Beim **JAM-Café** gibt es Musik, Billard, Kickerspiele, Zeitschriften, alkoholfreie Getränke und Snacks. Hier lassen sich nette Kontakte knüpfen. Geöffnet Mi–Sa 15–19 Uhr, Eintritt frei. Dienstags findet zudem das **„Kreativ-Café"** statt. Von 15–18 Uhr, in den Schulferien 11–18 Uhr, können z.B. bunte Armbänder aus Paracord oder Leder sowie Specksteinschmuckstücke hergestellt werden.

Kino

Langeoogs nostalgisches kleines Kino heißt **„Windlicht"**; Programm im Aushang, in der täglich erscheinenden „Insel-Info" und natürlich auf der Website.

■ **Windlicht,** Am Hospizplatz 7, Tel. 92250, www.windlicht-langeoog.de.

◁ Herbert Burmester begleitet das Dünensingen auf dem Akkordeon

Unterkunft

Im Sommer ist die Insel ausgebucht

Über 200.000 Gäste und 1,5 Mio. Übernachtungen zählt Langeoog jährlich. Im Sommer ist die Insel ausgebucht, und die gut **9200 Gästebetten** sind alle belegt. Spontan eine Herberge zu finden, ist dann äußerst unwahrscheinlich, frühzeitiges Buchen auf jeden Fall zu empfehlen. Da Langeoog bei Familien äußerst beliebt ist, sind neben den Sommerferien auch die Oster- und Herbstferien sehr gut besucht. Von Anfang November bis März geht es dann – mit Ausnahme der Weihnachts- und Silvestertage – deutlich ruhiger auf der Insel zu, auch die Insulaner machen dann Ferien und viele Hotels – wie auch einige Geschäfte und Restaurants – für einige Wochen zu.

Ausstattung

Die Ausstattung von Ferienwohnungen und Hotels auf der Insel ist **gut.** Hochstühle für Kleinkinder oder zusätzliche Babybetten sind in fast allen Unterkünften vorhanden – manchmal ist die Bereitstellung im Preis inbegriffen, mitunter kostet sie extra. Alle Hotels der Insel haben **WLAN.** Einzige Ausnahme ist das Logierhus, das eine strahlenärmere LAN-Verbindung via Stromkabel ermöglicht. Auch bei Ferienwohnungen ist WLAN mittlerweile zum großen Teil Standard.

lan18_026 sk

**Hotels:
Preise in
diesem Buch**

Generell sind **saisonale Preisabstufungen** bei Hotels geringer als bei Ferienwohnungen, zumeist liegen diese zwischen 15 und 30%. Die Preise in diesem Buch sind für eine **Übernachtung pro Person im Doppelzimmer** bzw. in einer Suite **mit Frühstück** angegeben. Die Reihenfolge ist alphabetisch. Einige Hotels lassen sich unter www.langeoog-hotels.de finden und buchen.

**Preis-
kategorien**

①	bis 50 €
②	50–80 €
③	80–100 €
④	100–120 €
⑤	über 120 €

27 Strandhotel Achtert Diek②-③
Süderdünenring 47, Tel. 91190, www.langeooger-strandhotel.de. Einzel-, Doppel- und Familienzimmer sowie Suiten mit Kochnische und Apartments in der Nähe des Inselwäldchens und nah zum Strand. 2014 komplett renoviert. Große Außenterrasse am hauseigenen Restaurant Tuffelhus. Rezeption mit Ticketschalter für Ausflüge und Touren.

1 Aquantis Langeoog:Strand②-③
Warmbadweg 2, Tel. 6990, www.aquantis.de. Größerer Komplex aus den 1970er Jahren mit einfachen Zimmern, Apartments (bis 6 Personen) und Studios, teils mit Meerblick, weil direkt am Dünenfuß gelegen. Mit Schwimmbad.

12 Aparthotel Anna Düne③-⑤
Barkhausenstr. 23, Tel. 6900, Buchungstelefon 04971/202-0, www.aquantis.de. Im Juli 2017 fertiggestelltes Haus auf dem Grundstück des früheren Hotel Aquantis im Kurviertel. 49 hochwertig ausgestattete Ferienapartments für bis zu 6 Personen (30 bis 109 Quadratmeter) mit Balkon oder Terrasse. Direkt am Kurviertel, nur 400 Meter bis zum Meer. Finnische Sauna und Sanarium im Haus, ebenso abschließbare Abstellmöglichkeit für Fahrräder und Ladestation für E-Bikes, Waschmaschine und Trockner (Münzgeräte). WLAN.

25 Hotel Brandaris④-⑤
Um Süd 28–30, Tel. 6890, www.hotel-brandaris.de. Die zwei Klinkerhäuser beherbergen ein 3-Sterne-Inselhotel, das 2013 renoviert und neu ausgestattet wurde. Einzel- und Doppelzimmer. Frühstücksbuffet mit Bio- und Fairtrade-Produkten. Gäste loben das Preis-Leistungsverhältnis und den herzlichen Kontakt mit den Inhabern.

◁ Typisch ostfriesische Giebelverzierung

3

NORDSEE

Nichtraucher-strand

Strandkorb-vermietung

Tischtennishalle

Atelier am Meer

Sportstrand

Strandkorb-vermietung

Spöölstuv/
Bücherei
Kur- und Wellness-Center

Kino

Sportpalast

Spielplatz

Haus der Insel/
Schiffahrts-museum

Hauptbad

Nichtraucher-strand

Die Insel-vermietung

Sport-zentrum

Erlebnis-bad

Tennis-plätze

Museums-rettungsboot
"Langeoog"

Haus Bethanien

Seewohnen

Treffpunkt
Dünensingen

Strandkorb-vermietung

Wasserturm

Apotheke

Insel-Info

Rathaus

Polizei

Hunde-strand
West

Heimatmuseum
"Seemannshus"

Bei-boot

Ev.
Kirche

Infohaus
Altes Wasserwerk

Kath. Kirche

Kite-/Surf-/
Hunde- und
Kinderstrand

AWO Langeoogklinik
Haus Westwind

Mutter-Kind-Klinik
Haus Wittdün

Seniorenhus
"bliev hier"

Mutter-Kind-
Klinik Langeoog

Hafen

Insel-
wäldchen

0 ▬▬ 200 m   © REISE KNOW-HOW

Langeoog
2_3_8_U2
7/18

Map labels:
Hunde-strand Ost
Drachen-strand
Strandkorb-vermietung
WC
Pirolatalweg
Dünen-friedhof
Gerk-sin-Spoor
Norderpad
"Tjard sien Utkiek" Aussichtsdüne (ehem. Seenotbeobachtungsstation)
Heerenhusstraße
Am Teich
Pirolaweg
Otzumer Weg
Dreesen- Straße
Willrath-Dreesen-Straße
Bolzplätze
Fritz-Reuter-Str.
H.-Löns-Str.
Polderweg
Theod.-Storm-Str.
Treffpunkt Wattwanderungen, Melkhörndüne, Jugendherberge, Vogelwärterhaus, Meierei, Ostende
Gartenstraße
Am Wall
Am Wall
Am Wall
Lerchenweg
Melksett
Fahrthusweg
Wieserweg
Polderweg
Bahnhof
Melkerpad
Neei Bauhoff
Birken
An den Bauhöfen
Weg
Schniederdamm
Reiterhof To'n Peerstall
Hecken
Um Süd
Polderweg
Spielplatz
Sportplatz TSV Langeoog
Jugendhaus am Meer (JAM)
Reitplatz
den
AWO Langeoogklinik Haus Ostwind
Flughafenstraße
Hafenstraße
Süderdünenring
Reitplatz
Am Reitplatz
Reithalle Kuper
Bolzplatz
Golfplatz, Minigolf, Hafen
Flugplatz Langeoog

🟧 **Übernachtung**

1 Aquantis Langeoog:Strand
2 Dünenhotel Strandeck – Biohotel
3 Haus Kloster Loccum
4 Ferien- und Tagungszentrum Hotel „Haus Bethanien"
5 Hotel Kolb Lifestyle
6 Hotel Kolb Classic
7 Suiten-Hotel mare
8 Schullandheim des Ratsgymnasiums Bielefeld
9 Hotel Norderriff
10 Jugend- und Gästehaus Lemgo
11 Haus Meedland
12 Aparthotel Anna Düne
13 Nordseehotel Kröger
14 Mitten Mang
15 Hotel Nordwind
16 Inselhotel Langeoog
17 Hotel De Insulåner
18 Hotel Flörke und Langeooger Inselzeiten
19 Frühstückspension Branddün
20 Logierhus Langeoog
21 Feuerschiff Galeriehotel
22 Hotels und Apartments Feuerschiff
23 Pension Villa Sperlingslust
24 Suitenhotel Idyll Heckenrose
25 Hotel Brandaris
26 Retro Design Hotel
27 Strandhotel Achtert Diek
28 Pension Haus Meedenwind
29 Kajüte

17 Hotel De Insulåner③-④

Vormann-Otten-Weg 12, Tel. 777, www.hotel-de-insulaner.de. „Wohnen und Wohlfühlen bei einer Langeooger Familie, im gehobenen Ambiente." 2016 von drei Langeooger Geschwistern übernommenes Traditionshotel, das 1912 als „Deutscher Kaiser" eröffnet wurde. Direkt im Ortszentrum. Suiten (mit separatem Wohnraum), Doppel- und ein Einzelzimmer. Stilvoll und individuell eingerichtet. Sonnenterrasse mit Blick auf den Rosengarten. Sauna und Whirlpool im Haus. Frühstücksbuffet und Teezeit im Lounge-Salon.

2 Dünenhotel Strandeck – Biohotel②-③

Kavalierpad 2, Tel. 6880, www.biohotel-strandeck.de. Das einzige bio-zertifierte Haus auf der Insel bietet strandnahen, nachhaltigen Urlaub in Einzel-, Doppel- und Familienzimmern (u.a. mit Vollholzmöbeln, Bio-Bettwäsche und -handtüchern). Mit regionalem Bio-Frühstück, als Halbpension mit Abendessen im nahegelegenen Panoramarestaurant Seekrug möglich (siehe unter „Essen und Trinken/Restaurants"). Schwimmbad, Sauna und Sonnenterrasse.

22 Hotels und Apartments Feuerschiff②-④

Friesenstr. 1–5, Tel. 697-0, www.feuerschiff-langeoog.de. Größere Anlage aus den 1970er Jahren mit verschiedenen Häusern, die unterirdisch miteinander verbunden sind. Das Haupthaus „Feuerschiff" bietet 26 Apartments, das „Fährschiff" vier Junior-Suiten und 20 Hotelzimmer, von denen einige 2017 renoviert wurden. Im „Flaggschiff" befinden sich 22 Apartments, im „Friesenschiff" acht Apartments. „Traumschiff" nennt sich der 400 Quadratmeter große Wellness-Komplex der Anlage mit Schwimmbad, türkischem Hamam-Dampfbad, Sauna und Ruhe-Lounge. Die monatlich wechselnden **Wellness-Specials** im „Traumschiff" **stehen auch Nicht-Hotelgästen offen,** buchbar über die Rezeption. Das **21 Feuerschiff Galeriehotel** am Standort Hauptstraße 9 wurde 1889 als Hotel Leiss eröffnet und 1996 zum heutigen Hotel mit Einzel-, Doppel- und Familienzimmern umgebaut.

lan16_036 rh

18 Hotel Flörke und Langeooger Inselzeiten②-③
Hauptstr. 17–19, Tel. 92200, www.hotel-floerke.de. Alteingesessenes Hotel in zentraler Lage mit Einzel- und Doppelzimmern sowie Suiten und Apartments, zum Teil mit Blick auf die Kirchstraße. Schwimmbad mit Kinderbecken, Sauna und Ruheraum. Wintergarten, schöne Sonnenterrasse. Der blaue Kamin im Aufenthaltsbereich ist ein echter Hingucker. Ostfriesisches Frühstücksbuffet. Geöffnet März bis November.

24 Suitenhotel Idyll Heckenrose②-④
An den Hecken 4, Tel. 91190, www.idyll-heckenrose.de. Der Name verrät vieles: Im und ums Idyll Heckenrose geht es grün und ökologisch zu. Zehn umweltfreundlich eingerichtete Suiten in modernem friesischen Landhaus. Liegt in einer kleinen Nebenstraße inmitten alter Bäume. Sauna mit Dampfbad und Abkühlgrotte. Spielzimmer für Kinder. Von 8–10 Uhr Frühstücksbuffet.

16 Inselhotel Langeoog④-⑤
Barkhausenstr. 2, Tel. 91190, www.inselhotel-langeoog.de. Einzel-, Doppel-, Familienzimmer und Suiten direkt in der Ortsmitte, zum Teil mit Meerblick. Das Traditionshaus steht unter neuer Leitung. Spa-Bereich mit Sauna, Lounge mit Kamin. Ein Doppelzimmer ist barrierefrei. Frühstücksbuffet im zugehörigen Restaurant Verklicker.

6 Hotel Kolb Classic②-④
Barkhausenstr. 30–32, Tel. 91040, www.hotel-kolb.de. Elegantes Haus in ruhiger Ortslage, wenige Gehminuten vom Ortskern und Strand entfernt. Helle Einzel- und Doppelzimmer mit Rot- und Goldtönen, teilweise mit Balkon oder Terrasse. Frühstück und Abendmenüs werden im hoteleigenen Feinschmecker-Restaurant Schiffchen serviert, Cocktails & Co. in der Lounge Bar No. 9. Beauty und Wellness im gegenüberliegenden Hotel Lifestyle. Zertifizierter Thalasso-Standort.

5 Hotel Kolb Lifestyle③-④
Barkhausenstr. 30–32, Tel. 91040, www.hotel-kolb.de. Nachhaltig gebautes Haus mit 16 modern eingerichteten Junior-Suiten in Beige und Grau. Mit Terrasse oder Balkon. Vielfältiges Spa- und Wellnessangebot sowie Massagen in der hoteleigenen „Beauty Insel". Frühstück und Abendmenüs im gegenüberliegenden Feinschmecker-Restaurant Schiffchen.

20 ❀ Logierhus Langeoog③-⑤
Mittelstr. 10, Tel. 91190, www.logierhus-langeoog.de. 4-Sterne-Superior-Haus. Wie die Heckenrose (gleicher Betreiber) nach ökologischen und baubiologischen Gesichtspunkten errichtetes Hotel mit grünem Ambiente. Inseltypische Architektur mit traditioneller Backstein-Optik. Alle Zimmer und Suiten sind mit Zirbenholzmöbel ausgestattet und elektrosmogarm (LAN-Verbindung via Stromkabel). Gelungener Material-Mix. Wellnessbereich mit Bio-Pflegeprodukten, Sauna, Pool, Fitnessraum. SPA-Angebote, auch für externe Gäste.

14 Mitten Mang②-③
Hauptstr. 31, Tel. 682980, www.hotel-mittenmang.de. Das Haus („mitten drin") verbindet maritime Tradition mit zeitgerechter Ausstattung. Einzel-, Doppel- und

3

Familienzimmer sowie Suiten mit Dachterrasse mit Akzenten in Silber-Grau. Gemütliche, kleine Hotel-Bar mit dunklem Holz. Außerdem befinden sich im Haus das Restaurant Marina 1903 und die Strandbar Fäßchen 2.0.

9 **MEIN TIPP:** **Hotel Norderriff**②-③

Willrath-Dreesen-Str. 25, Tel. 96980, www.hotel-norderriff.de. 4-Sterne-Boutique-Hotel garni. Östlich des Ortszentrums gelegenes Haus mit geradlinig-hochwertigen Doppelzimmern, Suiten und Lofts. Kleiner Spa. Tolles Frühstück. Zuvorkommend-professioneller Service. Lobby mit wunderschönem Kamin. 300 Meter vom Strand entfernt.

13 **Nordseehotel Kröger**④-⑤

Hauptstr. 38 (unterhalb des Wasserturms), Tel. 6860, www.nordseehotel-kroeger.de. Klassisch-elegante Einrichtung mit Holzfußböden und dunklen Holzmöbeln. Einzel-, Doppel- und Familienzimmer, zum Teil mit Balkon oder Terrasse. Sauna und Spa. Nur ein Hupf zum Strand. Mit Restaurant Blied (Küche & Bar) und schöner Terrasse.

15 **Hotel Nordwind**②-③

Barkhausenstr. 3, Tel. 91150, www.hotel-nordwind-langeoog.de. Einzel- und Doppelzimmer, Suite und Junior-Suiten (teilweise mit Balkon), Ferienwohnungen. Traditionsreiches Inselhotel mitten im Zentrum, 2014 aufwendig saniert. Schöne Holzfußböden, Boxspringbetten, kleiner Schreibtisch. Angeschlossen ist das Restaurant Alte Post.

lan18_027.sk

3

26 Retro Design Hotel②-③

Abke-Jansen-Weg 6, Tel. 6829990, www.retrodesign-hotel.de. 21 Einzel- und Doppelzimmer, Suiten und Familienkombinationen. 2007 als knalliger, aber stilvoller Rückblick in die 1970er Jahre eröffnet, besticht die Einrichtung durch kräftige Farben und gemütliche Vintage-Möbel. Die Junior-Suiten sind mit einem freistehenden Whirlpool für zwei ausgestattet. Frühstücksbuffet vor Ort, schöne Außenterrasse. Kleine hoteleigene Bar mit Wänden aus Langeooger Strandplanken. Zudem Abendmenü im Restaurant Schiffchen und Wellness im Hotel Kolb Lifestyle möglich (beide rund 800 Meter entfernt). Hundefreundlich mit Nähe zum Hundestrand und zum Inselwäldchen. Zertifizierter Thalasso-Standort.

7 Suiten-Hotel mare④

Kiebitzweg 8, Tel. 92260, www.suiten-hotel-mare.de. Hell eingerichtete Matrosen-, Captain- und Commodore-Suiten sowie eine Admiral-Suite (bis zu sechs Personen) mit zumeist separaten Schlafzimmern, gemütlicher Sitzecke, Kitchenette und Terrasse oder Balkon. Mit Whirlpool, Dampfbad, Sauna, Fitnesscenter sowie Wellnessgarten mit kleinem Naturschwimmbad. Kostenfreies Sky TV. Navigator's Lounge Bar und Restaurant Bunte Kuh im Haus.

⌄ Park neben dem Rathaus mit dem Hotel De Insulâner (links)

3

4 **Ferien- und Tagungszentrum Hotel „Haus Bethanien"**①-②
Barkhausenstr. 29–33, Tel. 6910, www.langeoog-bethanien.de. Großer, kirchlich geleiteter Komplex mit Einzel- und Doppelzimmern im Haus Bethanien sowie im benachbarten Ferienhotel Schwedenhaus. Direkt in der Ortsmitte am Kurpark gelegen. Barrierefreies Haus mit Vollpension. Die Küche setzt auf Bio-Produkte. Andachten, Vorträge, Konzerte sowie Freizeiten mit verschiedenen thematischen Schwerpunkten. Ambulanter Pflegedienst im Haus. Sehr preiswerte Zimmer an ausgewählten Wochenenden (ab 31 € pro Nacht p.P. inkl. Frühstücksbuffet).

Pensionen

Pensionen werden auf der Insel immer weniger. Gegenwärtig (Ende 2017) sind sieben auf Langeoog vertreten, deren **preisgünstigste** die **19** **Frühstückspension Branddün** ist (Branddünenweg 6, Tel. 6489, www.brandduen.de, Preise ab 27 € pro Person/Tag im DZ). Empfehlenswert sind auch die **23** **Villa Sperlingslust** (Um Süd 5a, Tel. 544, www.villa-sperlingslust.de, in ruhiger Lage mit zehn Zimmern und gutem Frühstück, ab 45 € pro Person/DZ/Frühstück) sowie die **28** **Pension Haus Meedenwind** (Süderdünenring 49, Tel. 91020, www.haus-meedenwind.de, mit Sauna und Hallenbad im Haus, ab 33 € pro Person/DZ/ Frühstück).

Ferienwohnungen

Ferienwohnungen machen die große **Masse der Unterkünfte** aus. Im jährlich erscheinenden Gastgeberverzeichnis nehmen allein sie über 20 Seiten ein, mit vielen Fotos und den zugehörigen Internetadressen, sodass man einen guten Überblick erhält. In den vergangenen Jahren haben viele Vermieter in die Renovierung ihrer Wohnungen und Apartments investiert, sodass vielerorts moderne und gemütliche Wohnungen zu finden sind. Im Bereich der Ferienwohnungen gibt es auch die **größten saisonalen Preisunterschiede,** die mitunter bis zu 50% ausmachen. Ganz nach Haustyp und Standard der Einrichtung variieren die Basispreise mitunter erheblich. Für eine Ferienwohnung oder ein Apartment für vier Personen in der Hauptsaison sollte man im Durchschnitt mit rund 100 Euro pro Tag rechnen.

(Gemeinnützige) Familienferienstätten

Die gemeinnützige Familienferienstätte **Haus Kloster Loccum** (Träger: Landesverein für Innere Mission, Hannover) am Ortsrand von Langeoog besteht aus vier miteinander verbundenen Häusern. Sie bietet **32 Ferienwohnungen** mit bis zu drei Zimmern für bis zu acht Personen, außerdem einen großen Kinderspielraum, ein Krabbelzimmer, Rasen- und Sportplätze, einen Wintergarten und einen TV- und Leseraum. Gemeinsame Aktivitäten sind möglich. Frühstück gibt es nach Voranmeldung. Fa-

3

Insel-Info A–Z

milien mit kleinem Einkommen können sich über Fördermöglichkeiten informieren. Preis pro Nacht in der Hauptsaison (4-, 6-, 8-Personen-Wohnung) 85/97/109 €.

3 Haus Kloster Loccum, Am Hospizplatz 8–14, Tel. 805, www.loccumerhaus.de.

Seit April 2017 präsentiert sich die **„Kajüte"**, das frühere Schullandheim der AWO Herford, nach umfangreicher Renovierung als **gemeinnützige Einrichtung der AWO OWL.** Für Gäste stehen im Inselwesten in unmittelbarer Strandnähe Einzel-, Doppel- oder 2-Raum-Zimmer sowie drei Apartments zur Verfügung. Morgens und abends wird ein Buffet angeboten, ein Mittagssnack ist möglich. Kinder lieben den weitläufigen Spielplatz und das Spielzimmer (mit abendlicher Gute-Nacht-Geschichte), Eltern können im Juli und August eine kostenlose Kinderbetreuung in Anspruch nehmen. Begünstigte Preise für Familien mit mittleren und geringeren Einkommen und für besonders erholungsbedürftige sowie über 75 Jahre alte oder schwerbehinderte Menschen. Durch die Nähe zur benachbarten AWO Langeoog-Klinik bietet sich die „Kajüte" auch als Unterkunft für Väter oder Mütter an, die ihre Familien während einer Kur besuchen. Standard-DZ 56–76 € pro Nacht (begünstigt 48–65 €), Frühstück 9,50 €/Tag/Erw. (7,50 € begünstigt), Halbpension 24,50 €/Erw. (19,50 € begünstigt).

29 Kajüte, Strandjepad 6, Tel. 682530, www.kajuete-langeoog.de.

Jugend-
herberge
mit Zeltplatz

Die Jugendherberge Langeoog liegt fast **genau in der geografischen Inselmitte** etwa 5 km östlich des Ortes (Lage siehe hintere Umschlagklappe). Zum Nordseestrand sind es durch ein kleines Dünental nur wenige Gehminuten. Die Herberge ist in der 1923 erbauten Domäne „Melkhörn" untergebracht und verfügt über 70 Betten in acht Schlafräumen (mit drei, vier, acht oder 16 Betten), eine große Eingangshalle mit Speisesaal sowie einen Gruppen- und Speiseraum. Die Duschen und WCs befinden sich auf den Etagen. Angeschlossen sind der einzige Zeltplatz der Insel, ein Grill- und Lagerfeuerplatz, ein Sportplatz sowie ein Volleyballfeld. Auf der großen Wiese können bis zu 150 Gäste ihre Zelte aufstellen (Leihzelte gegen Gebühr). Für sie stehen separate Waschräume zur Verfügung. In der Jugendherberge sowie auf dem Zeltplatz gibt es Vollverpflegung (Frühstücksbuffet, von welchem man sich ein eigenes Lunchpaket zusammenstellen

3

kann, und warmes Abendbuffet). Eine vorherige Reservierung ist empfehlenswert.

■ **Jugendherberge Langeoog,** Domäne Melkhörn, Reservierungen und Anfragen zu den Öffnungszeiten – auch für 2019 – über Tel. 276 oder langeoog@jugendherberge.de. Allgemeine Infos auch unter www.langeoog.jugendherberge.de. Öffnungszeiten 2018: 18.6.–7.9. Preis pro Person/Übernachtung auf dem Zeltplatz ab 25 €, im Haus ab 34 €.

■ **Wie kommt man hin?** Zu Fuß oder mit dem Leihrad (aus dem Ort); vom Bahnhof kommend, folgt man dem Schniederdamm, der später in die Willrath-Dreesen-Straße übergeht. Dieser folgt man in östlicher Richtung, vorbei am Schloppsee und am Zeltlager Niedersächsische Sportjugend bis hin zur Jugendherberge.

**Freizeitstätte/
-lager**

11 **Haus Meedland,** Gartenstr. 3–11, Tel. 92220, www.haus-meedland.de. Freizeit- und Tagungsstätte der Bremischen Evangelischen Landeskirche. Komplex mit mehreren Gebäuden und einer Kapelle, die Gruppen für Freizeiten (Familien, Senioren, Klassenfahrten), Tagungen, Seminare und Fortbildungen offenstehen. Die Häuser sind in vielen Teilen barrierefrei. Anfang November bis Ende Dezember geschlossen. Je nach Haus und Alter der Teilnehmenden kostet die Übernachtung inklusive Vollpension 16–51 €.

☑ Langeooger Dünenlandschaft, im Hintergrund die Strandhalle

lan18_028 sk

3

■ **Zeltlager der Sportjugend Niedersachsen e.V.,** Domäne Melkhörn (neben der Jugendherberge, siehe Karte hintere Umschlagklappe), Tel. 0511/12680, www.zeltlager-langeoog.de. Jährlich von Anfang Mai bis Mitte September geöffnetes Camp für bis zu 200 Personen. Das Zeltlager verfügt über 33 Rundzelte mit Holzfußboden (für jeweils bis zu 6 Personen), vier Hauszelte für Betreuer, den Speisesaal in der Gemeinschaftshalle, zwei Eventzelte sowie ein Wirtschaftsgebäude. In den Sommerferien in Niedersachsen bietet die Sportjugend Niedersachsen für Jugendgruppen drei Ferienfreizeiten von jeweils 13 Tagen an. Außerhalb der Feriensaison finden hier Klassenfahrten statt, häufig in Zusammenhang mit „Arbeitseinsätzen" für den Dünenschutz. Infos über freie Plätze für Gruppen (10–24 € pro Tag und Teilnehmer) auch unter Tel. 0511/ 1268248.

Jugend- und Gästehaus

10 **Jugend- und Gästehaus Lemgo,** Gartenstr. 21, Tel. 892, www.inselquartiere.de. 2014 umfassend renoviertes Gästehaus des Kreises Lippe für Gruppen und Familien mit 2-, 4- und 6-Bett-Zimmern auf drei Etagen. Alle Zimmer mit eigener Dusche, WC und WLAN. Mindestaufenthalt zwei Übernachtungen. Preise pro Person/Übernachtung 23–43,50 € (mit Frühstück) oder 24–50 € (Vollpension). Terminanfragen und Buchungen über Tel. 05231/624620.

Schullandheime

Es gibt zwei Schullandheime auf Langeoog, die beide einen festen Bezug zu Schulen auf dem Festland haben: Das **Schullandheim der Osningschule Bielefeld** (Lage siehe Karte hintere Umschlagklappe) liegt am Ostende in direkter Nachbarschaft zur Meierei, das **8** **Schullandheim des Ratsgymnasiums Bielefeld** in der Willrath-Dreesen-Straße 9. Beide haben mitunter freie Zeiträume für externe Gruppen anzubieten; Terminanfragen für das Haus der Osningschule unter Tel. 0151/75001315, www.schullandheim-osningschule.de, für das Heim des Ratsgymnasiums unter Tel. 0521/512394, www.schullandheim-ratsgymnasium-bielefeld.de.

Kurkliniken für Familien

Jährlich nehmen rund 3600 Kinder und 2500 Erwachsene an einer **Mutter-/Vater-Kind-Kur** auf der Insel teil, ein Großteil von ihnen wegen Atemwegs- und Hauterkrankungen, Erschöpfungssymptomen, aber auch wegen Rückenleiden, Übergewicht oder Adipositas.

■ **AWO LangeoogKlinik,** Süderdünenring 10–14, Tel. 916691, www.langeoog-klinik.de. Dreiwöchige Mutter-/Vater-Kind-Kuren oder Gesundheitswochen. Die LangeoogKlinik besteht aus den beiden Standorten Haus Ostwind (40 Familien) und Haus Westwind (39 Familien), in denen sich jeweils Gästeapartments befinden. Mit Sauna, Turnhalle, Schwimmbad, Fitnessraum und hauseigenem Spielgelände.

3

● **Mutter-Kind-Klinik Langeoog,** Süderdünenring 61, Tel. 687-0, www.caritasklinik-langeoog.de. Kurklinik der Caritas im Inselwesten mit den vier Häusern Sonnenschein, Flinthörn, Dünenheim und Wittdün (Johann-Tongers-Pad 2). Insgesamt 82 Apartments, außerdem Teeküchen, Gemeinschaftsräume, Sport- und Gymnastikhallen, Kreativwerkstätten, Spielräume, Bibliotheken und großzügiges Außengelände. Kein Internetzugang/WLAN. Anmeldung und Buchung beim Träger unter Caritasverband für die Diözese Hildesheim e.V., Tel. 05121/938174.

Seniorenhaus „bliev hier"

Das Langeooger Seniorenhus „bliev hier" am Wald bietet **Betreutes Wohnen für Senioren und pflegebedürftige Menschen** in barrierefreien Mietwohnungen. Die **Tagespflege** der Seniorenwohnanlage (Mo–Fr 8.30–16.30 Uhr) kann dabei auch von Pflegebedürftigen vom Festland mit ihren Angehörigen und Partnern genutzt werden. Die **Kurzzeitpflege** des „bliev hier" ermöglicht es Gästen, die sich auf der Insel erholen möchten, ihre zu pflegenden Angehörigen gut versorgt zu wissen (die Pflegekasse übernimmt bis zu 1612 € dieser so genannten Verhinderungspflege im Jahr).

● **Seniorenhus „bliev hier",** Bürgerhilfe Langeoog e.V., Störtebekerstr. 1, Tel. 99050, www.seniorenhus-langeoog.de.

Zelten

Nur einen Zeltplatz gibt es auf Langeoog, und zwar den **der Jugendherberge angegliederten.** Über selbige ist auch Kontakt aufzunehmen (s.o.). Außerhalb dieses (nicht öffentlichen) Zeltplatzes ist Campieren auf der ganzen Insel – auch auf privaten Grundstücken – nicht erlaubt. Benutzer des Zeltplatzes nutzen obligatorisch die Vollpension der Jugendherberge.

lan16_059 rh

4 Land und Leute

☐ Denkmal für die Kriegsopfer auf dem Dünenfriedhof

Insulaner und Fremde

Norddeutscher Charme

Wer auf eine Insel reist, würde bestimmt gern wissen, was für Menschen ihn oder sie dort erwarten. Die meisten Langeooger geben gerne **Auskunft über das Leben auf ihrem Eiland.** In zahlreichen Veranstaltungen bringen Gästeführerinnen und Gästeführer den Besuchern zudem die Inselgeschichte und -natur näher, sensibilisieren für den Reichtum des Wattenmeeres, aber auch für die Gefahren durch den steigenden Meeresspiegel und die zunehmende Zahl an Sturmfluten. Dabei schaffen sie es, mit norddeutschem Charme, manchmal etwas rau, manchmal mit sehr viel Witz, immer aber herzlich, zu vermitteln, an welch besonderem Ort sie leben. Ein Ort, an dem vieles noch beschaulicher ist als auf dem Festland, wie anreisende Gäste gleich bei der Wohnungsübergabe merken: „Der Schlüssel steckt" ist eine äußerst häufige Anreiseinformation.

Besonders ist auch der **Jahresverlauf** auf einer Urlaubsinsel. Während die Langeooger in den Wintermonaten – mit Ausnahme der Weihnachts- und Silvestertage – bis auf wenige Gäste unter sich sind, füllen sich die Ferienwohnungen und Hotels ab März kontinuierlich. Im Hochsommer halten die Insulaner dann (bei rund 1780 Einwohnern) mit Hilfe von Saisonkräften das Leben einer 12.000-Einwohner-Gemeinde am Laufen, arbeiten mit wenig Pausen in Fahrradverleihen, Restaurants, Geschäften, Hotels, als Gästeführer, Wohnungsvermieter, Strandkorbverleiher, Sporttrainer, Kreativkursleiter … Das dann im Sommertrubel die ein oder andere Frage nicht mehr ganz so geduldig beantwortet wird, ist vielleicht kein Wunder.

> Dickköpfig – Kapitän Johann Wilhelm Leiß stellte 1917 wegen Tarifstreitigkeiten zeitweise den Verkehr mit seiner Fähre ein

4

Verschlossenheit „Der Charakter der Bewohner ist ernst. Verschlossen gegen jeden Fremden ist ihnen die Badezeit die unverdaulichste des ganzen Jahres, und froh atmen sie auf, sobald die letzten Gäste verschwinden, wenn auch andererseits diese wegen des lohnenden Erwerbs, den sie bringen, gern gesehen sind." So beschrieb ein *W. Lülling* in „Ostfriesland und seine Bewohner" vor vielen Dekaden die Insulaner. Aber entspricht diese Darstellung auch den Tatsachen?

Wahr ist zweifellos, dass jene Zeitalter, die *Beethoven* und *Mozart, Schiller* und *Goethe, Rubens* und *Rembrandt* hervorbrachten, spurlos im „Bullern" (Nordseehymne) der Deutschen Bucht unter- und am Bewusstsein der Insulaner vorbeigingen. Auf den Inseln hatte der **elementare Kampf ums tägliche Überleben** stets Vorrang gegenüber allem Schönen und Geistigen, und die Verluste, die dabei zu tragen waren, gebaren den düsteren **Fata-**

lan16_037 rh

lismus, auf den *Lülling* sich beruft. „Nun ja, da müssen wir eben unseren eigenen Tod sterben", knurrt ein Oldtimer auf die Frage eines frühen Kurgastes, ob es nicht riskant sei, ohne ärztliche Betreuung auf der Insel zu leben.

Dennoch erweckten die Langeooger nie den Eindruck, ihren Besuchern abwehrend oder gar feindselig gegenüber eingestellt zu sein. Zwar dauerte es offenbar immer einige Zeit, bis sie mit ihren Gästen warm wurden. Doch dann tauten sie umso rascher auf. 1850 wurde ihr **Verhältnis zu den Kurgästen** sogar als ein enges und freundschaftliches beschrieben. „Man erzählte sich von seinen kleinen Freuden und Leiden und fühlte sich ganz aufeinander angewiesen …" Was sich heute im Zeichen von jährlich 1,5 Millionen Übernachtungen ein wenig geändert haben dürfte.

Streitlust

Untereinander scheinen die Insulaner, wenn man ihre Geschichte einmal aufmerksam verfolgt, jedoch ein recht streitlustiger Haufen gewesen zu sein. Immer, auch schon viele Jahre zurück, gab es Krach um irgendetwas, meistens Kleinkram.

Nach der Neubesiedlung Langeoogs im 18. Jahrhundert gelangte der **Osten** der Insel zu relativem Wohlstand, während der **Westen** weit ärmer blieb. Das hatte eine **von Neid genährte Dauerfehde** zwischen den jeweiligen Bewohnern zur Folge, die stets erneut zu Klagen Anlass gab.

⌄ Die Barkhausenstraße lockt mit zahlreichen Läden und Cafés

lan18_029 sk

In der zweiten Hälfte des 18. Jahrhunderts musste sich der **Pächter des Langeooger Ostendes** gegen den Vorwurf der Inselwestler wehren, er habe Flaaken (hölzerne Seezeichen) gestohlen und verfeuert, und ein peinliches Verhör durch die Obrigkeit folgte. Der Beschuldigte erklärte, die Kläger wollten ihn lediglich anschwärzen, weil er sie beim Wildern ertappt hatte. Der Inselostler war aber auch wohl ein recht ungenießbarer Typ. Als ein Plan aufkam, einen weiteren Pächter in der Inselmitte (bei der heutigen Jugendherberge) anzusiedeln, winkten Ortskenner ab. Das hätte nur einen endlosen Kleinkrieg mit dem Mann zur Folge gehabt. Das Vorhaben wurde deshalb abgeblasen.

Man darf wohl annehmen, dass es reine Bosheit war, die *Tjark Otten Leuß* dazu brachte, Mitte des 19. Jahrhunderts sein Wissen um das Versteck eines großen, während der Franzosenzeit durch Schmuggel angehäuften **Goldschatzes** mit ins Grab zu nehmen. Vielleicht liegt der Mammon noch irgendwo auf der Insel verbuddelt – Schaufel nicht vergessen!

Der Lehrer *Tongers* und der Pastor *Thalheim* lagen sich ab **1887** permanent in den Haaren. Der Kleinkrieg endete damit, dass die beiden Giftpilze im Folgejahr wutentbrannt die Insel verließen, *Tongers* gar bis nach Südafrika.

Wochenlang balgte man sich **1892** um das Amt des Ortsvorstehers. Zwei Wahlgänge wurden wegen „Trunksucht" bzw. „freiheitlicher Gesinnung" vom Kreis für ungültig erklärt.

Anno **1909** kriegten sich *Johann Adam Pauls* und *J. D. Wolffs* gewaltig in die Wolle. Man entschied sich nach Friesenart für einen Zweikampf im Klootschießen (Weitwurf mit schweren Holzkugeln). Er endete mit einem Unentschieden. Danach vertrugen sich der 80-jährige *Pauls* und der 73-jährige *Wolffs* wieder.

1917 stellte *Johann Wilhelm Leiß,* patzig wegen Differenzen über eine Tariferhöhung, den Fährverkehr mit seinem Motorsegler „Curator" kurzerhand für fünf Monate ein. Auf einer Postkarte aus der damaligen Zeit sieht man den bärtigen Schipper in seinen Piepenkopp schmunzeln. Denen hatte er es aber gezeigt!

1973 konnte ein wochenlanger Konflikt zwischen dem evangelischen und katholischen Inselpfarrer erst nach Intervention einer übergeordneten Stelle in Aurich beigelegt werden.

Essen und Trinken

Slow Food

Seit 2013 ist die Inselgemeinde Langeoog Slow-Food-Förderer. Slow Food nennt sich eine **weltweite Vereinigung von bewussten Genießern und mündigen Konsumenten,** die es sich zur Aufgabe gemacht haben, die Kultur des Essens und Trinkens zu pflegen und lebendig zu halten. Die Slow-Food-Bewegung zählt in Deutschland derzeit (2017) über 14.000 Mitglieder in rund 85 Convivien (= lokalen Gruppen).

Slow Food bejaht eine **verantwortungsvolle Landwirtschaft und Fischerei,** eine artgerechte Viehzucht, das traditionelle Lebensmittelhandwerk und die Bewahrung der regionalen Geschmacksvielfalt. Die Organisation bringt **Produzenten, Händ-**

Das Prinzip Entschleunigung

Wir leben in einem hektischen Zeitalter. Das hat man **zuerst in Italien** verinnerlicht, wo in den 1980er Jahren die **Slow-Food-Bewegung** entstand, zur Ergänzung der bereits bestehenden „Città slow", der langsamen Stadt nach menschlichen, stressfreien Maßstäben.

Auch in Deutschland hat man diese Gedankengänge aufgenommen – Fehlinformationen und politische Lobbyarbeit bringen uns in Ernährungsfragen nicht weiter. Nicht nur der gemeinsame Mittagstisch vieler Familien, auch das Wissen um die Nahrungsmittel ist verloren gegangen. Während Übergewicht, Diätenwahn und Essstörungen geradezu alltäglich werden, **geht unsere Esskultur mehr und mehr verloren.** Längst ernähren wir uns ganz selbstverständlich in Kantinen, Möbelhäusern, Tankstellen und im Auto, vorm Computer und vorm Fernseher sowieso, im Gehen und Stehen, hektisch, lieblos, gestresst. Und das alles schmeckt vermeintlich toll, auch wenn das Genossene aus ernährungsphysiologischer Sicht sehr zu wünschen übrig lässt. Und während der Verkauf von Kochbüchern boomt und die Köche sich im Fernsehen mit Meisterleistungen überbieten, kocht manche Hausfrau und mancher Hausmann nicht einmal Kartoffeln.

Eine **kulinarische Graswurzelbewegung** ist schon deshalb angesagt, weil mehr als 90% unserer Nahrungsmittel industriell verarbeitet und mit Zusatzstoffen und Kunstaromen versetzt werden. Wer darüber entsetzt ist, gerne mit der Familie und Freunden gut speist und unsere Tischkultur nicht der Aromaindustrie überlassen will, ist bei Slow Food und mithin auf Langeoog gut aufgehoben.

4

Zwei ostfriesische Backrezepte

Friesentorte

Rezept für eine **Sahnetorte mit einem Durchmesser von 28 cm.**

Für die Böden
- 5 Eier
- 100 g Zucker
- 250 g Butter
- 300 g Mehl
- ½ Päckchen Backpulver
- 100 g gehobelte Mandeln
- 1 Päckchen Vanillezucker
- ½ TL Zimt
- 1 Prise Salz

Die Eier trennen. Zucker, Butter und Vanillezucker mit den Eigelben cremig aufschlagen. Das mit dem Backpulver vermengte Mehl untermischen und den Teig auf drei gefettete Backbleche verteilen und als runde Böden mit einem Durchmesser von 28 cm aufstreichen. Eiweiß und Salz steif schlagen und auf die drei Böden verteilen, glatt streichen. Die gehobelten Mandeln mit Zimt und Vanillezucker vermischen und auf die Böden streuen. Die Böden bei 175°C ca. 20 Minuten backen.

Für die Füllung
- 500 ml Sahne
- 1 Päckchen Sahnesteif
- 1 Päckchen Vanillezucker
- 400 g Pflaumenmus

Sahne mit Sahnesteif und Vanillezucker locker aufschlagen. Den unteren Boden mit 200 g Pflaumenmus bestreichen und die Hälfte der Sahne aufbringen. Nun den zweiten Boden auflegen, mit dem Rest des Pflaumenmus und dann mit der restlichen Sahne bestreichen. Jetzt den dritten Boden auflegen und die Torte kühl stellen.

lan18_031 sk

Langeooger Sanddorn-Mandel-Kekse

Für den Teig

- 125 g Zucker
- 250 g Butter
- 1 Ei
- 300 g Mehl
- 100 g gemahlene Mandeln
- ½ TL Backpulver
- 1 Päckchen Vanillezucker
- abgeriebene Schale einer Zitrone
- 1 Prise Salz

Aus den Zutaten einen Tag vor der Verarbeitung einen Mürbeteig zubereiten und kalt stellen. Die Hälfte des Teiges 3 mm dick ausrollen und runde Kekse ausstechen. Diese auf ein mit Backpapier ausgelegtes Backblech legen. Die andere Hälfte des Teiges 4,5 mm stark ausrollen und in gleicher Form ausstechen, zusätzlich aber mittig ein Loch ausstechen. Die „ungelochten" Kekse mit etwas Wasser bestreichen und darauf nun die „gelochten" Exemplare legen. Bei 180°C 8–10 Minuten backen. Die ausgekühlten Kekse nun füllen.

Für die Füllung

- 200 ml Sanddornsaft
- Agar-Agar oder ein anderes Bindemittel

Sanddornsaft erhitzen und mit Agar-Agar oder einem anderen Bindemittel binden. Dann heiß mit einem Löffel in das Loch des Kekses füllen. Mit Puderzucker abstauben.

Rezepte mit freundlicher Genehmigung aus dem „Langeooger Kokenbook" der „TeeRose Langeoog" (siehe auch unter „Anhang/Literaturtipps" sowie „Insel-Info A–Z/ Essen und Trinken/Cafés")

◁ Friesentorte

▽ Sanddorn-Mandel-Kekse

Ian18_030 sk

Langeooger Heringsstipp

Zutaten (für 5 Personen)

- 750 g Bismarckheringe
- 100 g Gewürzgurken
- 100 g Zwiebeln
- 100 g Granny Smith
- 200 g Sahne
- 100 g Joghurt
- 100 g Mayonnaise 50%
- 2 EL Zucker

Heringsstipp auf dem
Schlemmerteller in der Fischkombüse

Zubereitung

Sahne, Joghurt, Mayonnaise und Zucker schön glatt verrühren. Apfel, Gurken und Zwiebeln fein würfeln und unterheben. Von den Bismarckheringen die Haut abziehen, die Filets in 2 cm große Stücke schneiden und unterheben. Das Ganze eine Stunde ziehen lassen. Dazu passen frisches Baguette oder Pellkartoffeln.

Rezept mit freundlicher Genehmigung von „Fisch-Klette – Das Fischgeschäft" (siehe auch unter „Insel-Info A–Z/Einkaufen")

lan18_032 sk

ler und Verbraucher an einen Tisch, vermittelt Wissen über die Qualität von Nahrungsmitteln und macht den Ernährungsmarkt transparent.

Im Sommer 2017 gab es auf der Insel erstmals einen **„Slow Food Tag",** an dem ausgiebig zum Thema informiert wurde und zahlreiche Gastronomen ganz bewusst saisonale Erzeugnisse und Bio-Produkte servierten. Der Termin für den „2. Langeooger Slow Food Tag" steht bereits fest: Es ist der 23. September 2018.

Fisch

Dass man auf einer Insel Fisch und nichts als Fisch isst, wurde schon in frühen Reisebeschreibungen geargwöhnt. **Leckeres aus der Nordsee** finden Liebhaber von Seafood in der Tat zur Genüge. Kaum ein Restaurant verzichtet darauf, und bei Fisch-Klette (An den Bauhöfen 2, siehe auch unter „Insel-Info A–Z/Einkaufen") wird eine große Auswahl an Frisch- und Räucherfisch angeboten.

Die Verfügbarkeit mancher Fischarten ist **saisonabhängig.** Der Mai ist vor allem für seine vorzüglichen Schollen bekannt. Im Juni gibt's die besten **Matjes** – junge, in einer Salzlake präparierte Heringe. Sie gelten als die größte Delikatesse unseres Nordmeeres, obwohl ihnen die Granat den Rang streitig machen.

Granat

Die **köstlichen kleinen Krabben,** bei denen es sich eigentlich um eine Garnelenart handelt, werden schon an Bord der Kutter in Seewasser gekocht und bekommen dort ihre typisch rot-braune Farbe. Nur schälen muss man sie selber. Dazu den Kopf zwischen linkem Daumen und Zeigefinger halten und das Schwanzteil mit rechtem Zeigefinger und Daumen gerade biegen und mit einer Vierteldrehung vom Kopfteil lösen. Aufessen, fertig; Zutaten sind unnötig. Man kann Granat auch geschält kaufen. Nur ist er dann arg teuer, weil der Schälprozess wegen niedrigerer Arbeitskosten im fernen Ausland – in erster Linie in Marokko – stattfindet und lange Transportwege erforderlich macht. Granat gibt es insbesondere in den Sommermonaten.

Muscheln

Im Winter kommen **Miesmuscheln** auf den Tisch. Man sollte die Schalentiere nur in Monaten mit einem R im Namen essen. Außerhalb davon bestehen aus biologischen Gründen (Algengiftstoffe) Bedenken gegen den Verzehr.

Tee

Und was trinkt man auf der Insel? Man trinkt Tee. Diese exotische Labe wurde **im 18. Jahrhundert** in Ostfriesland bekannt, als erste Schiffe Tee aus Asien in die Häfen brachten. Das neue Getränk ging in den Haushalten Ostfrieslands auf einen wahren Siegeszug. Schon bald konnte man in Bezug auf Tee von einem regelrechten Suchtverhalten sprechen, und das ist es bis in die Neuzeit geblieben. Heute lässt man sich in Ostfriesland **bis zu fünfmal am Tag** zu einer **Teepause, Teetied** genannt, nieder und zelebriert nach Ansicht von Fachleuten damit einen recht gesunden Brauch. Vor allem wenn der Grundstoff aus ökologischem Anbau stammt – aber diesbezüglich ist man auf Langeoog ja genau richtig. Da zudem das Wasser auf der Insel weich ist (Härtegrad 1), entfaltet Tee sein volles Aroma.

Teezeremonie

Die ostfriesische Teezubereitung – seit 2016 von der UNESCO offiziell als immaterielles Kulturerbe anerkannt – hat nach rechter Ostfriesenart **sehr feierlich** zu geschehen. Klar, dass man das Zeremoniell nicht mit einem schnöden Teebeutel entweiht – man nehme **besten Blatt-Tee.** Die Einheimischen kennen sich damit aus. Die echte **„Ostfriesische Mischung"** besteht aus mehr als zehn verschiedenen Teesorten. Assam ist ein Hauptbestandteil, andere Beimischungen sind aus Ceylon, Java, Sumatra oder Darjeeling. Ostfriesen wissen sogar, was **Second Flush Tea** ist, nämlich Tee aus der besonders guten zweiten Ernte. Alle diese Produkte werden gewelkt, gerollt, fermentiert, getrocknet, gesiebt und sortiert, bevor sie letztlich in den Handel gelangen. Teekunde ist in der Tat eine Wissenschaft für sich, und die Ostfriesen sind insofern in Deutschland führend.

Den guten Second Flush übergießt man mit sprudelnd kochendem Wasser und stellt die Teekanne danach aufs **„Stövje",** eine Art Samowar, klein, aber fein. Dort „zieht" der Tee drei (anregend) bis fünf (für den Magen beruhigend) Minuten und bleibt heiß.

⊡ Egal ob Tee, Sanddornlikör, Schokolade, Bonbons oder Gebäck – die Auswahl an kulinarischen Mitbringseln ist groß

Der Gastgeber schenkt seine eigene Tasse zuerst voll. Dies ist kein Fauxpas, sondern dieserart wird vermieden, dass störende Teeblätter in den Tassen der Gäste landen. Zuvor hat er jedoch bereits **Kandiszucker** (Kluntje) in die Tasse gefüllt, der nun leise knistert. Abschließend folgt die **Sahne,** die man keinesfalls umrühren darf. Dafür darf man aber vernehmbar und genießerisch schlürfen, zum Beweis, wie herrlich einem der Tee mundet. „Drei Tassen Tee sind Ostfriesenrecht", heißt es, und wer als Gast seinen Löffel nicht in die Tasse stellt, bekommt unaufgefordert nachgeschenkt.

Alkoholika

Oft wird gemutmaßt, dass, wie einst im 18. Jahrhundert, **an der Nordsee schwer gezecht würde.** Das Klima ist den größten Teil des Jahres harsch, und dagegen muss man sich schützen. Mit Alk. Der wärmt. Deshalb hat jeder Seemann und Fischer eine Buddel parat, aus der er sich regelmäßig bedient und es folglich immer schön mollig hat.

lan18_033 sk

Es handelt sich hier um einen gefährlichen **Irrglauben.** Die Schiffer auf den Langeoog-Fähren haben wohl ganz zuletzt mit Alkohol etwas im Sinn, denn schwere Tonnage mit einem Schuss Rum im Blut zu bugsieren, geht garantiert nicht gut. Auch wissen die Nordseeanrainer, dass Alkohol überhaupt nicht wärmt. Im Gegenteil. Er vermittelt bei seiner Zufuhr zwar ein angenehm hitziges Empfinden. An der Endstation angekommen sorgt er jedoch dafür, dass sich die Hautporen öffnen und Kälte in den Körper lassen. Das kann sich bis zum Extrem steigern. Einem im Wasser stark unterkühlten Menschen zu seiner „Rettung" Alkohol einzuflößen, kommt fast einem Tötungsversuch gleich.

Hochdeutsch und Plattdeutsch

Zwei Sprachen

Man könnte sie fast zwei verschiedene Sprachen nennen, das hohe und das platte Deutsch. Das an unseren Meeresgestaden gesprochene „Platt" unterscheidet sich in der Tat ganz erheblich vom Hochdeutschen. Es ist eine **eigenständige Sprache, kein Dialekt,** wenn man in ihr auch mit etwas Mühe hochdeutsche Elemente entdeckt. Aber viel Vokabular weicht von allem Bekannten doch stark ab. Höchstens eine Verwandtschaft mit dem Niederländischen lässt sich für Kundige mitunter heraushören, obwohl Platt weitaus weniger krachmandelig klingt.

„Moin"

Das beginnt mit „Moin". Diesen **Gruß,** einfach oder doppelt, tauscht man an der ganzen Nordseeküste munter aus, auch Fremden gegenüber, und das **zu jeder Tageszeit.** Manche Binnenländer fühlen sich dadurch verschaukelt, am späten Abend noch einen guten Morgen gewünscht zu bekommen, denn sie bringen „Moin" mit „Morgen" in Verbindung. Das aber ist falsch. Das Wort stammt vom niederdeutschen (bzw. -ländi-

> Die Insel aus der Luft: Gut zu erkennen sind die Sandbank im Inselwesten, der Ort und das Inselwäldchen; rechts im Hintergrund die Nachbarinsel Spiekeroog

schen) *mooi* ab und bedeutet „gut" oder „schön". Man wünscht sich also „Alles Gute". Deswegen sollte man nicht sauer das Gesicht verziehen und betont spitz mit einem „Guten Abend" oder was immer antworten.

Ein Beispiel

Das ist ja noch ziemlich elementar. Aber es geht schnell ans Eingemachte. Sie wollen zum Beispiel von einem Eingeborenen etwas wissen, aber der knarzt Sie rau, aber herzlich an: **„Mok gau, ik hebb dat drok, mutt forns no buten hen bi dit moi Weer!"** Können Sie damit etwas anfangen? Kaum, nicht wahr? Es heißt: „Mach schnell, ich hab's eilig, muss sofort raus [auf See] bei diesem guten Wetter!" (Man duzt sich auch bevorzugt im Plattdeutschen).

Sprachführer

Wer die exotische Küstensprache ernsthaft lernen möchte, dem sei ein Sprachführer aus der „Kauderwelsch"-Reihe des Reise Know-How Verlages empfohlen: **„Plattdüütsch – das echte Norddeutsch".** Außerdem gibt es plattdeutsche Programme bei Radio Bremen und sogar verschiedene Asterix-Bände „op Platt".

lan18_034 ts

5 Inselgeschichte

◁ Kleine Burg am 14 km langen Sandstrand

Die Anfänge

Ackumhe

Eine Lokalität mit dem Namen „Ackumhe", bereits im Jahre **1289** urkundlich erwähnt, ist der dokumentarische Vorläufer von Langeoog; dieser Ansicht sind jedenfalls die Gelehrten. Hinter Ackumhe verbirgt sich nämlich mit großer Offensichtlichkeit die heutige **Accumer Ee,** das Seegatt zwischen Langeoog und dem benachbarten Baltrum. Der Anlass für die Erwähnung ist allerdings ein trister. Ein Ostfriese war in *portu dicto Ackumhe* („in besagtem Hafen A.") von einem Bremer erschlagen worden, und dieser Vorgang ging in die amtlichen Dokumente ein.

Langeoch

Die Insel als solche taucht **1398** als „Langeoch" in Urkunden auf, in denen der Ostfriesenhäuptling *Widzeld tom Brok* dem Herzog *Albrecht von Bayern* das Lehen über die Insel übertrug (die bestens erhaltenen Dokumente sind heute im Staatsarchiv von Groningen verwahrt).

Der Name

„Lange Insel"

Was bedeutet „Langeoog" eigentlich? Das ist ganz einfach: Die Endungen ey, ö, öy, öya, oog, ooge und ähnlich gibt es in allen nordischen Sprachen; ihre Bedeutung ist „Insel". Langeoog ist also die „lange Insel". Stimmt ja auch: Immerhin **12 km** misst sie vom einen zum anderen Ende!

Besiedlung

Erste Spuren aus dem 13./14. Jh.

Ob im 14. Jahrhundert bereits Menschen auf dem Eiland wohnten, wurde lange bezweifelt, jedenfalls ist ihre Präsenz nirgendwo belegt. Ab 1920 wurden jedoch **mittelalterliche Siedlungsreste** am Strand vor dem Hospiz gefunden, die auf das 13. und 14. Jahrhundert zurückdatieren. Zumindest vorübergehend muss dort also jemand Station gemacht haben.

**Dünne
Besiedlung**

Langeoogs frühe Besiedlung ist aber wohl eher dünn zu nennen. Selbst mehr als 200 Jahre nach der Dokumentierung durch Widzeld tom Brok wurden **1625** gerade einmal **sieben Haushaltungen** auf der Insel gezählt. Ein Inselvogt wachte über das Strandrecht, denn die Langeooger nahmen es mit den diesbezüglichen Vorschriften des Auricher Grafen *Ulrich* offenbar nicht so genau. Selbst der Vogt musste sich auf seinen Patrouillen von einem Augenzeugen begleiten lassen – anscheinend traute keiner dem anderen so recht.

Schiffsunglücke

**60 Strandungen
von 1666
bis 1865**

Langeoogs Strand war durch die Zeitläufte mit unglücklichen Schiffen reich gesegnet. In den 200 Jahren von 1666 bis 1865, als nach der Gründung der Deutschen Gesellschaft zur Rettung Schiffbrüchiger (siehe entsprechenden Exkurs) Menschenleben über Sachwerte Vorrang erhielten, schlagen etwa 60 Strandungen zu Buche; in Wirklichkeit dürften es weit mehr gewesen sein. Eine pikante Note unterliegt der **Strandung der „Van der Liefde"** im Jahre 1691. Schon wollten die Insulaner über die wertvolle Ladung des niederländischen Schiffes herfallen – als der Havarist ärgerlicherweise wieder freikam. Trotzdem hielt der Strandvogt das Fahrzeug fest, worauf es gewaltigen Krach zwischen dessen Eignern und den ostfriesischen Statthaltern gab. Zwei Jahre später ging ein anderer Holländer beim Flinthörn auf den Strand. Er hatte vor allem **Bier geladen,** „wovon die Berger und dahin gesandter Vogt eine Tonne verzehret …" Weitere vier Bierfässer trieben in Accumersiel auf dem Festland an und wurden „dorthen aufgefisscht, davon 1 gantz und die übrigen zum Theil aufgezehret." Auch in diesem Fall gab es Ärger mit der fürstlich Ostfr. Hofcantzley in Aurich, der das „Aufzehren" dieses speziellen Strandguts offenbar missfiel.

Viele Opfer

Die Liste zu Bruch gegangener Schiffe geht endlos weiter, und der Verlust an Menschenleben war enorm. Wo heute fröhlich gebadet und gesurft wird, ertranken früher Hunderte von Seeleuten. **Konnten sie nicht schwimmen?** Die meisten konnten es in der Tat nicht; es galt in Nordeuropa lange als unschicklich, im Meer zu baden. Auch waren die bleischweren Seestiefel und die zu jeder Jahreszeit übermäßig dicke Kleidung den Schwimm-

5

Waren die alten Langeooger Strandräuber?

Der (1993 verstorbene) Langeooger *Peter Hoffrogge* vertritt in seinem Buch „Verwehte Spuren – Strandungen auf Langeoog" die Meinung, dass das „Strandjen" an der Nordseeküste letztlich nur eine verleumderische Erfindung bösartiger und unwissender Binnenländer sei. *Hoffrogge* bescheinigt seinen Mitinsulanern edle und selbstlose Motive bei der **Strandbergung und -rettung,** relativiert diese blauäugige Feststellung jedoch schon ein paar Seiten weiter, wo es um Pfennigfuchserei bei Bergelohn und „Kopfgeld" geht. „Sicher, die Insulaner waren und sind keine Engel", seufzt der Autor einsichtsvoll, „wo gibt es die schon?"

So sehen es auch die Geschichtsbücher. Bereits die frühen **Strandordnungen** der Landesfürsten kamen dicht an legitimierten Strandraub heran; wer Schiffbruch erlitt, hatte in jedem Fall das Nachsehen und konnte froh sein, mit dem Leben davonzukommen. Zudem wurde von den Untertanen mit derartiger Impertinenz gegen die Verordnungen verstoßen, dass immer neue Edikte und Strafandrohungen erlassen werden mussten. Mit wenig Erfolg. Sich **angetriebenes Strandgut** zu eigen zu machen, galt an der ganzen Küste als Kavaliersdelikt.

Die Existenz der Gebetsformel **„Gott segne unseren Strand!"** wird von manchen Autoren (auch von *Hoffrogge*) dahingehend ausgelegt, dass die am Meer lebenden Menschen ihre Küste dem Schutz des Herrn anbefahlen. Andere verleugnen die Existenz dieser Gebetsformel schlichtweg, und sie ist in der Tat auch historisch umstritten. Doch in Mecklenburg ist 1777 ein amtlicher Akt zu ihrer Abschaffung dokumentiert. Es muss sie also gegeben haben, und man dürfte sich ihrer perfiden Doppeldeutigkeit bewusst gewesen sein.

Nach der **Weihnachtsflut von 1717** gingen überall an der Küste alle Hemmungen über Bord. Verständlich ist durchaus, dass die besitzlos gewordenen Menschen sich verzweifelt aneignen wollten, wessen immer sie habhaft werden konnten. Doch dabei blieb es nicht, sondern eine wahre Sturzwelle der **Raffgier** brach los. „Bey uns des raubens und plünderns so viel und groß ist, daß Gott Himmel unser Stad und Land noch 7 mahl mehr plagen muss, wo nicht eine Löbl. Und Christl. Obrigkeit einen recht ernstlichen Einsicht darin thut", klagt die Ostfriesische Chronik des Katastrophenjahres. Unter den Dieben waren „auch Leute, von denen man es nicht vermutete", heißt es an anderer Stelle. „Diejenigen, welche von dem Wasser nicht berührt, sollten billig mit ihren Nächsten Mitleiden gehabt haben, allein ihr räuberisches Herz war nur darauf bedacht, wie sie der Nothleidenden angetriebene Güter an sich bringen möchten, und liessen unterdessen die Jammernden in ihrem Elend sitzen …"

Waren die Langeooger nobleren Gemüts und gegen diesen **Verfall der Menschlichkeit und gesellschaftlicher Normen** gefeit? Nicht unbedingt. Auch sie wussten stets zu schätzen, womit ihr Strand gesegnet war, und sie waren prompt zur Stelle, wenn der Ruf „Holt in Drift – Treibgut einholen!" oder „Schipp up Strand!" erscholl. Und sie kriegten sich, in alten Chroniken nachzuverfolgen, bei der Verteilung der Beute immer wieder in die Haare – so in einem besonders detailliert dokumentierten Fall über „eine Wüppe Torf".

⌄ Blick von Bensersiel hinüber nach Langeoog

lan16_040 tc

übungen eher abträglich. Manche verstanden es indes, sich über Wasser zu halten und aus eigenen Kräften den Strand zu erreichen. Prompt wurde in solchen Fällen anklagend darauf verwiesen, dass die Mannen nicht diszipliniert auf die Ankunft eines Rettungsboots gewartet hatten. So der Koch des Seglers „Altje", der im September 1903 „in Panik und Angst voreilig über Bord gesprungen und dann von der Brandung wie Treibholz an den Strand gespült wurde" *(Hoffrogge)*. Vielen anderen hätte solch „voreiliges" Tun wahrscheinlich das Leben gerettet. Aber man durfte **als rechter Kerl keine Panik und Angst zeigen** und sich wie ein profanes Stück Holz an den Strand treiben lassen. Die überwiegende Zahl der Havarien trug sich ohnehin im Winter zu. Dann sah es mit den Überlebensaussichten im eiskalten Wasser ganz schlecht aus, und der Mut und das Geschick der Rettungsmannschaften waren in höchstem Maße gefragt.

Die kuriose Strandung der „Aurora"

Die Galliot „Aurora", Heimathafen Barßel, lief am 2. **November 1895** in Ballast von Bremerhaven nach England aus. Am 8. ging bei schwerem Wetter der Ballast bei Borkum über, und der Schiffer beschloss, zur Weser zurückzukehren. Auf halbem Weg kam man, nachdem der Sturm zum **Orkan** angewachsen war, zu der Ansicht, dass es keine Rettung mehr für das Schiff gab. Kapitän *Paßmann* ließ die „Aurora" deshalb auf den Strand von Langeoog laufen, und die Besatzung spazierte in aller Gemütsruhe an Land.

Dort lag der Segler alsbald hoch und trocken, und eine erneute Sturmflut im Dezember spülte ihn bis an den Dünengürtel. Ein paar Insulaner witterten ein gutes Geschäft. Sie kauften der Versicherungsgesellschaft billig das „Strandschiff" ab und wandelten es in einen **Restaurationsbetrieb** um. Selbiger brummte auch umgehend; die Kurgäste umschwärmten die originelle „Aurora" geradezu, deren „Bordküche" vor allem für ihre vorzüglichen Kartoffelpuffer bekannt war. Die Investoren stießen sich an ihrem Engagement gesund; jedes Jahr wurden hohe Dividenden ausgezahlt.

Bis zum Januar **1901.** Da schlug eine schwere **Sturmflut** das Restaurant Aurora kurz und klein. Aber selbst nach seinem endgültigen Ableben war der alte Segler noch von Nutzen. Seine aus wertvollem Holz gefügten Planken wurden geborgen und auf dem Festland verkauft. Noch heute dürften die Reste des „Strandschiffs" in irgendeinem alten Haus an der Küste einen Dachfirst oder eine Diele stützen.

Inselschutz und Sturmfluten

Graf Ulrich

Der Ostfriesenfürst, von dem schon weiter oben die Rede gewesen war, besaß offensichtlich nicht nur ein gesundes Rechtsempfinden. Er war auch einer der ersten Küstenbewohner mit ökologischem Sachverstand. Schon **1636** sorgte er sich um den Inselschutz, indem er anordnete, die Dünen nicht zu zertrampeln. Gleichzeitig erließ er aber ein **Jagdverbot für Kaninchen,** den ärgsten Schädlingen des Inseluntergrundes, um seinen adeligen Kumpanen dieses Wild zu erhalten. Seine Bemühungen um den Dünenschutz wurden dadurch praktisch zunichte gemacht.

Lagestabilität

Im Gegensatz zu den anderen Ostfriesischen Inseln gab – und gibt – es auf Langeoog den geringsten Anlass zur Besorgnis über die insulare Festigkeit. Offensichtlich ist Langeoog schon immer das lagestabilste Eiland des Archipels gewesen, vielleicht weil es sich ziemlich genau in dessen Mitte befindet. Anders als bei den umliegenden Ostfriesinnen, die zum Teil dramatische Veränderungen ihrer Topografien zu verzeichnen hatten, traten am Westende der Insel im Lauf der Jahrhunderte kaum Verlagerungen auf, und auch das Ostende wuchs nur um ein Weniges in die Länge. Hilfreich unterstützt wurde diese Stabilität zweifellos durch **planmäßige Dünenpflege,** die ab 1700 zunächst von holländischen Fachleuten betrieben wurde.

Jäger und Naturschützer

Als Folge eines **„Kaninchengesetzes" von 1869** wurden die Tiere 1874 endgültig ausgerottet. Als Jagdwild traten Hasen, die den Boden nicht zerwühlen, an ihre Stelle. Gleichzeitig verbot man auf allen Ostfriesischen Inseln zum Schutz der Dünen das **Schießen von Seevögeln.** (Die Vögel tragen durch Verbreitung von Pflanzensamen und über natürliche Düngung zur Festigkeit der Dünen bei.) Heute stehen Jäger und Naturschützer auf Langeoog im häufigen Austausch miteinander. Um den Bestand natur- und landschaftsgerecht zu halten, werden von der Langeooger Jägerschaft neben Hasen regelmäßig Rehe gejagt – beide Tierarten haben auf der Insel keine natürlichen Feinde.

Die furchtbare Weihnachtsflut

Auch ohne spezifisches Wissen um meteorologische Zusammenhänge war die **Konstellation anfänglicher südwestlicher Winde von Sturmstärke, die dann auf West und später auf Nordwest drehen,** von den Küsten- und Inselbewohnern schon immer gefürchtet. Diese fatale Sequenz begann auch am 23. **Dezember 1717** und erreichte am Morgen des 25. einen buchstäblichen Höhepunkt. Der Pegel der Nordsee stand an diesem Schicksalstag mindestens 4½ m über Normalnull, und ein tobender NW-Orkan drückte den ungeheuren Wasserberg in die Deutsche Bucht wie in einen Trichter. An der ganzen Küste brachen die Deiche, mehrere vorgelagerte Inseln mit Einschluss von Langeoog wurden zerrissen, Tausende Menschen ertranken. Im ostfriesischen Bereich wurden 2787 Tote gezählt. Die schreckliche Katastrophe ließ an der Nordseeküste ein **Chaos der Zerstörung und der Armut** zurück.

Doch das am Boden liegende Ostfriesland erhielt aus einer gänzlich unerwarteten Ecke **Hilfe.** „Am meisten aber ist merkwürdig, dass sich grosses Mitleiden in Ober-Teutschland, insonderheit **aus Sachsen,** etliche summen freywilliger Allmosen in hiesiges Nothleidende Land eingeschickt worden und dadurch vielen Hunger- und Durst-Leidenden auch Nacket- und übelgekleideten Menschen Hülfe geschehen ist", notierte ein ostfriesischer Geistlicher verwundert. Diese Initiative ging vor allem von dem kursächsischen **General von Hallard** aus, einem Adligen – ausgerechnet – schottischer Abkunft, der sich als frommer Mann bemüßigt fühlte, für „arme Prediger und ander högst bedürfftige Leut, so in dem gäntzlichen Raum gesetzet Ein Christliche gehülfß steur zu samblen, dem armen Negsten alß glieder Christi, und glaubenß genoßen, in Etwaß Zu Soulagieren." Alles in allem ergab sich ein ansehnlicher Betrag, der insbesondere Pastoren und Schulmeistern zwecks Weiterverteilung zur Verfügung gestellt wurde. Den Sturmflutopfern Ostfrieslands kamen auch Spenden aus Hamburg, Württemberg und sogar aus den selbst schwer betroffenen Niederlanden zugute. Auch der Langeooger Pfarrer *Christian Böttcher* bekam von diesem frühen Soli sein Scherflein ab.

Doch Langeoog nützten die milden Gaben herzlich wenig. Die Insel lag schwer verwüstet da und wurde letztlich sogar von allen Bewohnern verlassen.

tan16_041 rh

Die Insel zerreißt

Dennoch blieb den Insulanern das Schicksal ihrer Nachbarn nicht erspart. **Sturmfluten und Sandflug** bedrohten seit der mittelalterlichen Besiedlung immer wieder die Existenz der Langeooger. So musste 1666 das zunächst im Osten angesiedelte Inseldorf nach Westen verlegt werden, weil es unter Treibsand zu verschwinden begann. Dann überspülte die furchtbare **Weihnachtsflut von 1717** (siehe Exkurs) so massiv die Sandplate zwischen dem westlichen und östlichen Dünenkomplex, dass die Insel am Großen Schlopp (auch „Schloop", ein Binnensee) in zwei Teile zerbrach. **Vier Jahre darauf** verwüstete eine **erneute Sturmflut** das angeschlagene Eiland so schwer, dass es **nicht mehr bewohnbar** war. Langeoog zerriss endgültig in drei (zeitweilig vier) Teilinseln; „die Kirche gantz heruntergefallen, auch mein Pastorenhaus totaliter ruiniret worden" – so der Pfarrer *Böttcher* klagend an den Fürsten *Georg Albrecht* in Aurich. Die wenigen verbliebenen Insulaner (vier Familien) verließen 1721 allesamt ihre Heimat und zogen auf das Festland.

Neubeginn

Suche nach Siedlern

1723 wurde eine neue Besiedlung der menschenleeren Insel erwogen. Doch niemand wollte in diese elende Wüstenei ziehen. In seiner Not appellierte **Ostfrieslands Fürst Georg Albrecht** an den Dänenkönig *Frederik IV.*, einige Neusiedler aus dem damals dänischen und arg übervölkerten Helgoland nach Langeoog zu schicken, denn ihm sei „viel daran gelegen, dass dieses Eiland sobald wie möglich mit guten Einwohnern besetzt wird …, vornehmlich, weil besagte Insel meinem festen Land gleichsam zu einer Vormauer gegen die Gewalt der See dient." Es meldeten sich auch in der Tat **acht Helgoländer Fischerfamilien** bei der fürstlichen Verwaltung in Aurich und legten dieser einen dicken Katalog von Bedingungen vor, die einem Umzug ins Paradies gleichkamen.

Wie verlegen *Georg Albrecht* um Leute war, die seine Insel Langeoog zusammenhalten sollten, zeigt sich daran, dass er sich darauf einließ, mit den Helgoländern um deren **unverschämte Forderungen** zu feilschen. Am 19. Juli 1723 kam er ihnen sogar in den meisten Punkten zustimmend entgegen, wohl aus der dunklen Ahnung heraus, dass aus dem ganzen Vertragswerk ohnehin nichts werden würde. Und so fügte es sich dann auch. Nach einigem weiteren Gezerre legte der Dänen-Friedrich ein endgültiges Veto ein und beorderte seine Untertanen auf ihren Butterfelsen zurück. Die Helgoländer zogen ab und ließen sich nicht wieder blicken.

Neusiedler

Inzwischen hatten sich einige benachbarte Insulaner und Festlandostfriesen, durch die **Zusage uneingeschränkter Nutznießung der Grünflächen** des Westendes angelockt, dazu überreden lassen, auf das marode Eiland überzusiedeln. Weitere zogen nach, als *Friedrich der Große* 1740 an die Macht kam und den Siedlern **Steuerfreiheit** zusagte. Er war nämlich ein Befürworter von Steuergerechtigkeit: „Bauer, Bürger und Edelmann" dürften nicht fiskalisch überfordert werden; sonst, sorgte er sich offenbar, käme es zu Revolutionen. Den Freiwilligen gab der Statthalter in Aurich jetzt eine lange Liste von ökologischen Auflagen mit auf den Weg, was vor allem schwere Arbeit in den Dünen bedeutete. Es galt, die Insel als Vormauer gegen die Gewalt der See auszubauen.

Es geht aufwärts

Die Neusiedler sollten, wie sich bald erwies, dennoch keine schlechte Wahl getroffen haben. Allmählich ging es aufwärts mit Langeoog. Zwar dauerte es noch bis 1794, bis man sich einen Lehrer leisten konnte. Und über diesen (von den Insulanern selber eingesetzten) Mann wird regierungsseitig notiert, „dass er gar nichts taugt, doch aus Mangel eines Beßern daselbst zu laßen ist." Egal, das Inselleben gewährte durchaus **kleine Annehmlichkeiten.** Noch 1796, also lange nach der schlimmen Flut, wird berichtet, dass die Bewohner Langeoogs weiterhin Steuerfreiheit genossen.

Im Gegenzug musste jedoch kräftig angepackt werden. Bereits um die Mitte des 18. Jahrhunderts hatte man systematische **Dünenpflege- und andere Schutzmaßnahmen** eingeleitet. Deswegen stellten sich auch bald menschenwürdigere Verhältnisse ein; die einst zerstückelte Insel hielt jetzt zusammen. Im Jahre 1800 galt das Westdorf als gesichert.

▷ Strandhafer – Schutz vor Sandverwehungen und Landverlust

5

Verluste und Landbildung

Magere Zeiten

Während der **Kontinentalsperre Napoleons von 1806 bis 1813** kamen zunächst einmal französische Besatzer und bescherten der Insel magere Zeiten. Die Franzosen hatten allerdings selber nicht weniger zu leiden als die von ihnen Okkupierten. Gewohnt, ihren Bedürfnissen durch Requirierung freien Lauf zu lassen, stieß die zeitweilig bis zu 200 Köpfe zählende Garnison hier ins Leere: Bei den wenig begüterten Insulanern war nichts zu holen. Um nicht zu verhungern, gingen die Franzosen auf Kaninchenjagd, und es gelang ihnen fast, die Nager auszurotten. Aber eben nur fast – dann war der Krieg zu Ende.

Sturmflut von 1825

Mit der gewaltigen Flut von 1825, schlimmer noch als jene von 1717, kam es zu einem weiteren Rückschlag. Durch die alten Schwachstellen im Dünengürtel, das Große und das Kleine Schlopp, brach die See erneut ins Land, und die Äcker der Insel versandeten weitgehend. Diesen **neuerlichen Verwüstungen** durch die Nordsee wird die nachhinkende Entwicklung Langeoogs im Vergleich zu den anderen Ostfriesischen Inseln zuge-

lan16_042 tc

schrieben, darunter auch der relativ späte Einstieg in die touristische Nutzung. Offenbar saß den Siedlern ständig die Angst im Nacken, dass die Insel wieder auseinanderbrechen könnte.

Landzuwachs

Gleichwohl folgte diesen Verlusten eine lange, **bis 1900 andauernde Phase positiver Landbildung,** die besonders das Ostende betraf. Zwischen 1825 und 1851 entwickelten sich (aus einer einstigen Sandplate) auch die **Flinthörndünen** im Westen, ein wahres Gebirge nach Langeooger Maßstäben.

Während alle Ostfriesischen Inseln an ihrem Westende in teilweise erschreckendem Ausmaß zu Substanzverlusten tendieren, baut Langeoog dort eher an. Aufgrund **günstiger Strömungsverhältnisse** sind Schutzwerke wie Buhnen, die andernorts das Strandbild massiv beeinträchtigen, nie nötig gewesen. Ende des 19. Jahrhunderts wuchsen zudem die zentralen Melkhorndünen und das Ostende Langeoogs zusammen, als das dazwischenliegende **Kleine Schlopp** um **1890** durch natürliche Dünenbildung zum Verschwinden kam. Menschliche Hände unterstützten diesen Vorgang durch Sandfangzäune („Lahnungen") und Strandhaferpflanzungen und beschleunigten so die Entwicklung. Das **Große Schlopp** trennte die Dünenkerne des Westkopfes vom übrigen Teil der Insel bis ins Jahr **1906;** es konnte damals, beginnend 1901, mit Hilfe eines Deiches geschlossen werden. Langeoog bestand endlich aus einem Stück.

> ☐ Historische Aufnahme aus den Anfängen des Badetourismus

Fremdenverkehr

Anfänge

Jetzt, da die Insel nicht mehr davonzuschwimmen drohte, konnte man sich auch Gedanken über die touristische Erschließung machen, die auf den anderen Inseln schon seit Langem in vollem Gang war. Den Anfang machte **1828** eine **„Krugwirtschaft"** in der Meierei des Ostlandes, die sich lebhaften Zuspruchs erfreute, denn man konnte sich hier fern von störenden Pastoren und Ehefrauen zünftig einen zur Brust nehmen. Zwei Jahre später erscheint in Gestalt des Amtsrichters *v. Vangerow* der erste wahre Badegast auf der Insel. **1830** gilt deshalb als **Gründungsjahr des Fremdenverkehrs** und der Amtsrichter als dessen Gründer. Denn er war es, der die Einrichtung eines „Nordseebades" anregte, und so kam es dann auch.

Fürst von Schaum-burg-Lippe

1851 besuchten bereits **101 Badegäste** die Insel. Die schwindelerregende Zahl machte eine weitere Organisation des Fremdenverkehrs dringend erforderlich, zumal ein ganz hoher Gast die Insel inzwischen mit seiner Präsenz beehrte. Der Fürst von Schaumburg-Lippe hatte sich mit dem König von Hannover verkracht und suchte ein ruhiges Refugium, um seine Wunden zu lecken. Das damals schon quirlige Norderney schied offenbar

lan16_043 rh

aus, denn dort konnte man dem ungeliebten Herrscher über den Weg laufen. Also zog der ganze Hofstaat in das Gästehaus des Krämers *Johann Adam Leiß* ein … Aber lange hielten Hoheit es im wenig mondänen Ambiente Langeoogs nicht aus. Schon bald zog es den Fürsten dann doch nach Norderney, wo es feiner zuging und gesellschaftlich mehr los war. Als Andenken ließ er ein **(1863)** nach ihm benanntes **Gästehaus** zurück.

Bade-ausschuss

Im gleichen Jahr rief man den ersten Badeausschuss ins Leben, nachdem man sich am Ende von langen Diskussionen und hitzigen Kabbeleien auf Bensersiel (statt Accumersiel) als künftigen Fährhafen auf dem Festland geeinigt hatte. Ein Badeausschuss war, versteht sich, bitter vonnöten, galt es doch vor allem, **Sitte und Anstand am Meeresstrand** zu bewahren. Denn die meisten Inselgäste, vornehmlich Geistliche, Lehrer, Beamte und Offiziere mit ihren Familien, wurden zu diesem Zeitpunkt vom neu erbauten **Hospiz des Klosters Loccum** aufgenommen, das Platz für 100 Gäste gewährte, dessen Leitung aber natürlich auf strenge Leibeszucht bedacht sein musste. 1884 übernahm das Kloster sogar die gesamte Badeeinrichtung der Gemeinde und stellte einen Badekommissar ein. Unter Führung des Loccumer Kurators *Barkhausen* fand **1885** die **erste Badesaison** statt. Einfach so zum Spaß in der See baden – das gab es damals noch nicht.

lan16_044.rh

Nordseebad Langeoog   Damenbad

**Mühsame
Seereisen**

Überhaupt waren Ferienreisen nach Langeoog im 19. Jahrhundert höchst beschwerlich. Einer der ersten Inseltouristen, der Religionsphilosoph **Rudolf Eucken,** schrieb anno **1850:** „Die Beförderung über das Meer ging mit einem winzigen Fährschiff vonstatten, das bei schlechten Windverhältnissen und bei Regenschauern nur unter Zeitverlust und unter vieler Mühe die Insel erreichen konnte … Beim Wenden der Segel hieß es ‚Hinlegen‘, und um einer Enthauptung zu entgehen, lagen dann alle Mitfahrer flach auf dem Boden. Bei schlechtem Wetter konnte die kleine, primitive Kajüte die Schutz suchenden Leute leider nicht fassen." Er vermerkte aber auch, ganz zeitgeistig: „Der Mensch war damals noch nicht sich selbst überdrüssig, wie er es jetzt meist ist. Die Menschen fliehen jetzt oft zur Natur, nur um immer wieder mit den Menschen meist sehr Nichtiges zu treiben und der gegenseitigen Eitelkeit zu fröhnen, traurig, daß die große Natur ihnen nichts anderes zu bieten vermag. Damals ging man in ein Seebad, um sich körperlich und geistig auszuruhen und Kraft für die Arbeit des Winters zu gewinnen."

Einige Jahre später, **1885,** war das **Reisen kaum komfortabler.** Die Passage konnte auch schon mal durch einen zünftigen **Schiffbruch** empfindlich gestört werden. Ein Inselgast berichtete: „Wir sind mehrere Tage vom Lande abgeschnitten gewesen, haben alle Postsachen nass erhalten und mein letzter Brief wird sich wohl auch verspätet haben, weil das Schiff gestrandet ist. Bei der Rückkehr vom Festland wurde es nämlich von einem Gewittersturm überfallen. Der alte Kapitän, der seit 19 Jahren das Schiff führt und nie einen Unfall gehabt hat, nahm plötzlich eine furchtbar schnell nahende Windhose wahr. So brachte er die Passagiere in die Kajüte und ließ das Schiff auf eine Sandbank laufen. Hier faßte es der Wirbelsturm und legte es auf die Seite. Auf offener See wären wir allerdings alle verloren gewesen. So aber lag das Schiff fest. Die Leute von Land schlugen die Luken ein und befreiten die Passagiere aus der Kajüte, wo sie schon bis zum halben Leib im Wasser standen. Sie wurden im Rettungsboot nach Esens zurückgefahren."

◁ Damen unter sich: Anfangs badeten die Geschlechter noch strikt getrennt

**Dampfer
„Stadt Esens"**

Bereits drei Jahre danach schaukelte ein Dampferchen von 16 m Länge zur Insel hinüber, und bald darauf wurde die „Stadt Esens" in Dienst gestellt, die immerhin schon **100 Passagiere** zu befördern vermochte. Auch eine **Landebrücke** entstand, sodass die Inselgäste trockenen Fußes ihre Gefährte verlassen konnten. Es sollte aber noch bis 1918 dauern, bis diese Konstruktion endlich winterfest war.

Pferdebahn

Deswegen wurde gleich nach der Jahrhundertwende eine Pferdebahn in Betrieb genommen. **Die Festlandspresse berichtete** über diese sensationelle Neuerung nicht ohne subtilen Humor wie folgt: „Es ist Sonnabendnachmittag. Auf der Reede liegt die holländische ‚Tjalk Gertutide' mit den ersten Wagen der Langeooger Pferdebahngesellschaft. Größer und größer wurden die Scharen der Zuschauer. Ein dichter Kranz von Girlanden schmückte den vornehmen, eleganten Wagen, worauf sich der frohe Zug mit Sing-Sang und Kling-Klang in Bewegung setzte. Fast spielend zogen die munteren Rosse den federnden Wagen, obgleich er mit 40 Personen sehr dicht besetzt war. Am Dorfeingang und vor den einzelnen Hôtels hatte sich eine Menge geschart; bis zum Hospiz bildeten die Insulaner und Kurgäste Spalier, überall tönten brausende Hurrahs; von den Masten flatterten die Fahnen; die Glocken läuteten vor den Hôtels, die Häuser waren illuminiert. Überall, weit und breit in der wogenden Menge laute, jubelnde Freude. Und als nun der erste Wagen die ‚Postkurve', das bisherige Sorgenkind, leicht und schön passiert hatte, rollte er in rasender Fahrt dem Hospiz zu. Und wir waren der frohen Genugtuung, einen bedeutungsvollen Tag in der Langeooger Geschichte miterlebt zu haben."

Doch schon in den 1920er Jahren wurde die so hochgelobte rasende Pferdebahn als **„antiquiert"** bezeichnet. Um dem „gebildeten Mittelstand" die Insel schmackhafter zu machen, sollte das Relikt aus Kaisers Zeiten durch eine moderne Motorbahn ersetzt werden. Aber das dauerte noch.

▷ Heutzutage hat die Insel sogar einen Flugplatz

5

Anbruch der Moderne

Die Gemeinde Langeoog übernimmt

Um das Fährgeschäft in eigener Regie zu betreiben, kaufte die Gemeinde Langeoog **1927** die beiden Schiffe **„Kaiserin Auguste Victoria"** und **„Langeoog"** von der Esenser Privatreederei, die bisher für den Inselverkehr zuständig war. Noch im gleichen Jahr kamen zwei weitere Schiffe hinzu, und in zunehmendem Umfang wurden **„Lustfahrten"** unternommen, nach Norderney und Helgoland zum Beispiel. Auch das gesamte **Badewesen** ging vom Kloster in die Hände der Kurverwaltung über. Diese fühlte sich bemüßigt, wohl um zu demonstrieren, dass mit dem Besitzwechsel **kein Sittenverfall** einherging, die Strandgäste zu ermahnen, „außerhalb des Herrenbades nicht in Badehose zu erscheinen und die Schulterklappen des Badeanzuges – auch im (neu errichteten) Familienbade – nicht herabzulassen." Keusche Zeiten waren das immer noch!

Eisenbahn

1936 beförderten die Langeooger Schiffe schon 38.000 Passagiere – dagegen kamen die armen Rösser der Pferdebahn nicht mehr an. (Außerdem mehrten sich Klagen wegen Tierquälerei, weil die Pferde sich im kalten Wasser schweren Rheumatismus zuzogen.) Wenig später brummelte die erste Diesellok zwischen dem neu ausgebauten Hafen und dem 1937 fertiggestellten Inselbahnhof Langeoog hin und her, und fast **75.000 Besucher**

lan18_047 sk

wurden im KdF-Jahr **1937** gezählt. Mit Beginn des Krieges 1939 kam der Fremdenverkehr vollständig zum Erliegen, da die Ostfriesischen Inseln zu militärischen Sicherungsbereichen erklärt wurden, die ohne Passierschein nicht betreten werden konnten.

Langeoog im Krieg

Keine Schäden

Den Zweiten Weltkrieg überstand Langeoog ohne große Schäden. Im Bereich der Ostfriesischen Inseln griffen alliierte Bomber vor allem Wangerooge an, das eine Art Wächterfunktion für die Jademündung und Wilhelmshaven innehatte und diverses Kriegsgerät aufwies. Die Briten überflogen die Insel in großer Höhe Richtung Festland. Dennoch haben der Krieg und vor allem die **rege Bautätigkeit** dieser Jahre den Charakter des Inselbildes stark verändert: Zwischen Hafengelände, Flinthörndünen und dem Ort wurde ein rund 150 ha großes Gebiet (Watt) befestigt, um dort eine Luftwaffenbasis der Wehrmacht anzulegen (siehe auch unten). Der Bau des Rathauses ab 1937, der Ausbau des Hafens und der Blumental- und der Heerenhussiedlung am Ortsrand sowie der Straßen im Ort führte dazu, dass zeitweilig bis zu 2000 Arbeiter und Soldaten in Baracken und Privathäusern auf der Insel, die 1937 700 Einwohner zählte, untergebracht waren.

Ausbau zur Seefestung

Der Ausbau der Insel zur „Seefestung" im Vorfeld der hochwichtigen Marinebasis Wilhelmshaven wurde von den Nationalsozialisten zielstrebig vorangetrieben, **Flakstellungen und Unterkünfte** errichtet. Auch das Rollfeld im Westen nahm zügig Gestalt an. Es erwies sich jedoch als zu mürbe für schwere Bomber und diente nur kurze Zeit als Stützpunkt für Nachtjäger. Andernfalls hätte Langeoog womöglich das Schicksal des stark zerstörten Wangerooge geteilt. Die Piste wurde nach dem Krieg auf Anordnung der Alliierten mit Spezialgerät umgepflügt und damit als Flugplatz unbrauchbar gemacht.

Anfang der 1950er Jahre wurden auf dem ehemaligen Flughafenareal Erlen, Weiden, Pappeln, Eschen, Weiß- und Schlehdorn gepflanzt. Am Rande der zum Teil zerbrochenen und weitgehend unter wilder Vegetation verschwundenen Betonbahn haben die Insulaner ihre **Schrebergärten** angesiedelt.

5

Nachkriegsboom

Neubeginn und Bauboom

Schon bald nach dem Krieg geriet der Fremdenverkehr wieder in Gang. Waren seitens der englischen Militärregierung **anfangs nur Kuren für Kinder,** die sich nach den schlimmen Kriegsjahren auf der Insel erholen durften, erlaubt, gelang nach und nach der Aufbau eines bescheidenen Badebetriebes. Sogar die wackere „Kaiserin Auguste Victoria", 1896 vom Stapel gelaufen, war noch von der Partie. 1951 wurde die alte Dame dann abgewrackt. Bereits **1949** erhielt Langeoog den begehrten **Titel eines „staatlich anerkannten" Nordseeheilbades,** und in den folgenden Jahrzehnten wurde das Angebot für die Gäste massiv erweitert: Eine Höhenpromenade (1963), das Meerwasser-Erlebnisbad (1969) und das Haus der Insel (1971) wurden eingeweiht. Viele der geduckten alten Fischerhäuser fielen dabei leider dem Bauboom der 1960er/-70er Jahre zum Opfer.

Immer mehr Inselfans

Klugerweise stellte man schon zu einem frühen Zeitpunkt die Weichen für permanente **Autofreiheit.** Offenbar war diese Entscheidung trotz der machtvoll einsetzenden Motorisierung in der Bundesrepublik die richtige, denn die Inselfans wussten sie von Anfang an sichtbar zu honorieren. Die Zahl der Tages- und Übernachtungsgäste wuchs ständig und liegt heute bei über 350.000 pro Jahr. Zu immer höheren Gästezahlen trug die **Ausbaggerung der Fahrrinne zwischen Bensersiel und der Insel** bei, die 1976 abgeschlossen wurde. Seither ist der Fährverkehr von den Gezeiten unabhängig und die Inselgemeinde Langeoog in der Lage, Abfahrten nach einem festen Fahrplan anzubieten. Jetzt konnte es nur noch bergauf gehen.

Das tat es auch. Schon früher im 20. Jahrhundert notierte der (im Buch wiederholt zitierte) Philosoph **Rudolf Eucken,** ein Mann, der die ganze Welt gesehen hatte und mit dem Nobelpreis für Literatur ausgezeichnet worden war: „Inzwischen hat sich Langeoog zu einem stattlichen Seebade erhoben. Ich denke […] mit großer Freude an die dort verlebten Wochen, sie waren entscheidend für meine Entwicklung, weil sie mir **Gesundheit** brachten **und** ich **in tiefer Stille große Eindrücke** empfing." Dieser Ansicht haben sich seither viele Menschen angeschlossen.

Langeoog heute

Beliebte Insel

Mehr als 1,5 Millionen Übernachtungen jährlich werden heute verzeichnet. Und die Inselfreunde reisen in immer größerer Zahl an. Ein hoher Teil der Gäste, rund 70%, setzt sich aus Wiederholungstätern zusammen. Dafür gibt es handfeste Gründe: Die **Urlaubsziele „Naturerlebnis" und „Erholung"** sind deutschen Reisenden aktuellen Erhebungen zufolge besonders wichtig. „Herr der eigenen Zeit zu sein" und „etwas mit der Familie zu unternehmen", hat ebenfalls hohe Priorität. Typische Aktivitäten

am Meer wie Baden, am Strand spazieren, den Sonnenuntergang genießen, Muscheln sammeln, aufs Wasser schauen, eine Schiffstour zu unternehmen oder zu joggen, gehören für viele ebenfalls zu einem gelungenen Urlaub dazu. All das ist auf Langeoog zu finden. Das Bewusstsein, sich im Nationalpark Wattenmeer und UNESCO-Weltnaturerbe an einem besonders schützenswerten Ort zu befinden, wird durch zahlreiche Gästeführungen und Veranstaltungen unterstützt.

⌄ Typisch ostfriesische Architektur: Haus aus rotem Backstein

lan18_036 sk

Keine allzu großen Bausünden

Bettenburgen verunstalten Langeoog zum Glück nicht. Auch hat man es sich verkniffen, weil die Insel nie „Modebad" wurde, blindlings in die Höhe zu bauen. Im Großen und Ganzen ist das **Stadtbild** Langeoogs schon wegen einer Menge Grün ganz angenehm, auch wenn nur wenige ältere Häuser erhalten sind.

⌄ Pferde am Rand des Inselwäldchens

**Sturmflut-
sicher?**

Bleibt es beim Status quo? Oder wird die insulare Wunderwelt in absehbarer Zeit wie so manches pazifische Atoll den Auswirkungen der Erderwärmung zum Opfer fallen und im Meer verschwinden? Damit ist gottlob noch lange nicht zu rechnen. Mancher Kurgast, der an Sturmtagen die Brecher gegen den Strand anpreschen und bis in die Dünen hinaufrennen sieht, hinter denen sich schon die ersten Baulichkeiten befinden, mag sich bang fragen, ob die vielgerühmte Lagestabilität der Insel auch den Tat-

lan16_046 rh

5

sachen entspricht. Langeoog ist die einzige Ostfriesische Insel, die seeseitig keine massiven Küstenschutzanlagen aus Beton oder Stein errichten musste. Doch der **Küstenschutz,** der die Gegebenheiten genauestens überwacht, nimmt, wo immer erforderlich, Reparaturen vor und signalisiert Entwarnung. Die massigen Dünen, von denen der Bestand Langeoogs letztlich abhängt, gelten als sicher.

Regelmäßige Aufspülungen

Mit einer Ausnahme allerdings. Großen Kopfschmerz bereiten den Inselvätern die **Dünen des Pirolatals** unmittelbar nordöstlich des Ortes. Dieser Sandgürtel, der vor 50 Jahren bis zu 100 Meter breit war, ist inzwischen um mehr als 80 Meter **geschrumpft.** Diese Entwicklung ist auch deswegen besonders besorgniserregend, weil dem Pirola-Areal die zur Gänze für die insulare Wasserversorgung zuständige Süßwasserlinse unterliegt. Kommt es hier zu einem Seewassereinbruch, ist diese gefährdet.

Verheerende Schäden an den Piroladünen richtete Ende Januar **1994** eine **schwere Sturmflut** an, die binnen weniger Stunden bis zu 14 Meter dieses Bollwerks fortriss. Auch in den Folgejahren kam es zu teils gravierenden Abbrüchen. Die Lage wird jeweils durch umgehende Sandaufschüttungen und -aufspülungen entschärft. Falls sich Urlauber also über eine Anzahl schwerer Lkw auf der ansonsten autolosen Insel wundern: Die Riesenkipper sind für den voluminösen Sandtransport zuständig.

2017 fand auf Langeoog die mit 6 Millionen Euro größte Küstenschutzmaßnahme des Jahres auf den Ostfriesischen Inseln statt. Auf einer Länge von 1,8 Kilometern, vom Strandübergang Gerk-sin-Spoor bis vor das Pirolatal, wurden fast **600.000 Kubikmeter Sand aufgefüllt.** Der Strand liegt an dieser Stelle somit zwei Meter „höher" und ist rund 200 Meter breiter. Der benötigte Sand wurde vor dem Flinthörn entnommen, per Spezialschiff transportiert und dann über eine Rohrleitung an den Strand gespült, wo er von Planierraupen verteilt wurde. Auch der Strand zwischen den Dünenübergängen Westerpad und Seekrug wurde im Frühjahr 2017 auf 700 Metern Länge mit 20.000 Kubikmetern Sand aus der vorgelagerten Sandbank aufgefüllt, um ausreichend Platz für Strandkörbe zu schaffen.

Der Küstenschutz, für den das Land Niedersachsen zuständig ist, **beobachtet die Entwicklung der Dünen und Strände sehr genau** und vermisst die Insel regelmäßig. Der steigende Meeresspiegel, die Herbst- und Winterstürme und die Tatsache, dass ein künstlich aufgespülter Strand um einiges schneller erodiert als ein natürlicher Strand, werden vor dem Pirolatal dauerhaft Aufspülungen und Dünenverstärkungen notwendig machen.

Wohnungsnot

Ein weiteres drängendes Thema aus Sicht der Insulaner ist fehlender Wohnraum. Aufgrund der **stark gestiegenen Immobilienpreise** ist der Kauf von Eigentum für viele Langeooger unerschwinglich geworden. Ein Einfamilienhaus in guter Lage ist aktuell nicht unter 1 Million Euro zu finden. Bezahlbare Mietwohnungen gibt es auf der Insel jedoch auch nicht. Vor allem Familien haben Schwierigkeiten, ein passendes Heim zu finden. Saisonale Arbeitskräfte und Mitarbeiter geben sich mit winzigen möblierten Zimmern oder der Unterbringung in Wohngemeinschaften zufrieden. Um ihren Mitarbeitern eine Perspektive auf der Insel zu bieten und ihr Personal zu halten, haben einige Arbeitgeber der Insel eigene Personalwohnungen gebaut. Für die kommenden Jahre wird die **Gründung einer Wohngenossenschaft** diskutiert, wie sie bereits auf Amrum existiert, um bezahlbare Miet- und Sozialwohnungen zu schaffen.

Schuldenabbau

Seit 2011 ist *Uwe Garrels* (parteilos) Bürgermeister der Insel. Unter einem harten Sparkurs kann die einst mit 16 Millionen Euro verschuldete Inselgemeinde heute einen **ausgeglichenen Haushalt** vorweisen. Erreicht wurde dies in erheblichem Maß durch den Verkauf nicht benötigter Liegenschaften. Auch werden nach wie vor Wege gesucht, die zu unterhaltenden Flächen im Kurviertel mit ihren hohen Betriebskosten zu reduzieren. So wurden 2016 das Kinderspielhaus „Spöölhus" abgerissen und das Areal schräg gegenüber der „Spöölstuv" für 3,5 Millionen Euro an einen Investor verkauft (hier entsteht das Strandhotel Sandburg, www.die-sandburg.com). Die frühere Tennisanlage wurde zum Sportzentrum umgebaut, das Kur- und Wellness-Center wird im Laufe des Jahres 2018 ins Erlebnisbad umziehen. Für dessen frei werdendes Domizil werden ebenso wie für das Haus der Insel, dessen Ausstattung in Bezug auf Brandschutz, Elektrik, Heizung, Lüftung, Sanitär und Bühnentechnik stark veraltet ist, aktuell Ideen gesucht.

lan16_063.rh

6 Die Nordsee

◁ Jetzt aber nix wie weg!

Land und Meer

Uralte Nordsee

Sie hat schon ein paar Lenze auf dem Buckel, unsere Nordsee. **Vor ungefähr 300 Millionen Jahren** existierte sie bereits als sogenanntes Senkungsbecken. An ihren tropischen Gestaden wucherte üppige Vegetation, und im fußwarmen Wasser tummelte sich uriges Getier, zum Teil von furchterregenden Dimensionen. Dann wieder übernahmen wüstenartige Verhältnisse das Regime, und das meiste Leben erstarb. Letztlich, rund 400.000 Jahre ist es her, zog arktisches Eis heran und deckte alles mit einem starren Panzer zu. Es muss recht ungemütlich gewesen sein in jenen Gefilden, in denen man sich heute lieber dick mit Sonnenschutz einreibt.

Meeresspiegel

Gleichzeitig mit dem Eisvorschub lag der Meeresspiegel **über 100 Meter niedriger als heute.** Vor 10.000 Jahren waren es etwa 45 Meter, und da das Nordseebecken extrem flach ist, dürfte der heutige Meeresboden zum größten Teil trockenes Land gewesen sein; man hätte von Dänemark nach England zu Fuß gehen können. Dieses Land war auch bereits von Menschen bewohnt. Wiederholt haben Fischer in der Neuzeit Gegenstände ans Licht gebracht, die darauf hindeuten, selbst draußen auf hoher See.

Etwa 5000 Jahre später war nach einer längeren Wärmeperiode das Wasser bei etwa 8 Meter unter dem heutigen Pegel angelangt, und das Meer bedeckte den einstigen menschlichen Siedlungsraum wieder fast zur Gänze.

> Seehunde fühlen sich in der Nordsee schon seit Urzeiten wohl

Ostfriesische Inseln

An den neuen Küsten brandete die Nordsee und warf hohe Sandbänke auf – so entstanden die ostfriesischen „Barriere"-Inseln. Im Gegensatz zu ihren nordfriesischen Schwestern sind sie keine Überreste eines im Mittelalter von Sturmfluten zerschlagenen Festlandes. **Sie wuchsen von Nordwesten her aus der See empor,** Sandkorn für Sandkorn, bildeten Wälle und schließlich Dünen und Vegetationszonen.

Auf **Borkum,** der größten von ihnen, lebten bereits zur Zeitenwende Menschen. **Norderney** gab es zu jenem Datum noch gar nicht. Die Insel **Langeoog** dürfte im ersten vorchristlichen Jahrhundert feste Formen angenommen haben, eine Besiedlung erfolgte erst im Mittelalter.

Die Nordsee

lan16_047 rh

Auf der Jagd nach dem Nordseegold

Vor gut 50 Millionen Jahren tropfte **Harz von tropischen Nadelhölzern** im heutigen Skandinavien und Westrussland und verhärtete sich in glazialem Eis zu einer felsenfesten Substanz – **Bernstein.** Die Eiszeiten transportierten die riesigen Lager, die sich im Laufe der Zeit angesammelt hatten, in Richtung Süden und deponierten sie in den Senken, aus denen Nord- und Ostsee entstanden. Dort wurden Einzelstücke im Altertum am Meeresstrand entdeckt oder aus dem Boden gegraben. Sie galten von Beginn an als **begehrtes Handelsgut** und nahmen ihren Weg bis ins pharaonische Ägypten.

Auch heute noch wird Bernstein an den Stränden von Nord- und Ostsee gefunden, und Langeoog bildet da keine Ausnahme. Eine Wanderung entlang des Inselstrandes kann in ein paar ganz hübschen Entdeckungen resultieren, wenn man sich etwas in der Materie auskennt. Am besten findet sich Bernstein nach einem kräftigen Herbst- oder Wintersturm im sogenannten Flutsaum. Kenner suchen dort, wo sich kleine schwarze Holzstückchen sammeln, denn diese haben in etwa das gleiche Gewicht wie Bernstein. Ob es sich bei einem Fund tatsächlich um einen echten Bernstein handelt, erkennt man zum Beispiel an der Tatsache, dass er im Salzwasser schwimmt und dass er ein dumpfes Geräusch erzeugt, wenn man ihn gegen einen Zahn klopft. Auch ist Bernstein brennbar und verströmt bei rußender Flamme einen angenehmen Harzgeruch. Letzterer ist auch wahrnehmbar, wenn man den Stein mit einer heißen Messerspitze oder Nadel berührt.

Der **Wert** der Fundstücke ist in den allermeisten Fällen nicht sonderlich hoch; die Verluste durch die Kurabgabe lassen sich so kaum kompensieren. Es sei denn, die Steine wären von außergewöhnlich klarer Textur oder besonderer Farbe (z.B. schwarz oder blau) und besäßen damit das Potenzial, zu Schmuck verarbeitet zu werden, was bei Strandfunden aber unwahrscheinlich ist. Selten und von großem Interesse für Sammler sind auch Exemplare mit sogenannten **Inklusen,** eingeschlossenen Kleintieren wie Spinnen, Insekten, Skorpionen, Eidechsen oder Pflanzen. Etwa jeder zehntausendste Stein weist eine tierische Inkluse auf, nur jeder millionste gar eine pflanzliche.

Sein Name war **ursprünglich „Brennstein",** denn er brannte gut und wurde auf den holzarmen Inseln in großen Mengen verfeuert. Die Bestände des Baltikums schätzen Fachleute auf vier Milliarden Tonnen, und auch in anderen Ländern kommt Bernstein in riesigen Lagerstätten vor, so in den USA, in Jordanien, dem Baskenland und der Dominikanischen Republik. Das Etikett „Gold des Nordens", mit dem er hier immer wieder behaftet wird, trifft im strengen Sinn demnach nur auf hiesige und nicht auf weltweite Vorkommen zu, obwohl Schmuckstücke durchaus von fernher kommen mögen.

Man kann sich an verschiedenen Stellen zum Thema kundig machen. Bereits auf dem Festland informiert das Museum **„Bernstein Huus"**

⌄ Inkluse – in Bernstein eingeschlossenes Insekt

120la rh

in Esens (Herdstr. 10, Tel. 04971/2278, www.
bernstein-huus.de, geöffnet Mo–Fr 9.30–18 Uhr
und Sa 9.30–14 Uhr). Dort wird eine kleine Kul-
turgeschichte des Bernsteins präsentiert, und
kaufen kann man ein paar besonders schöne
Exemplare ebenfalls.

Auf Langeoog selbst gibt's ein **13** **„Bernstein
Huus"** in der Barkhausenstr. 13a (Karte S. 58),
Tel. 589, geöffnet Mo–Sa 10–13 und 15–18 Uhr;
Inhaber *Siegfried von Esmarch* erteilt Auskünfte
über das „Gold des Meeres" und bietet moder-
nen und zeitlosen Bernsteinschmuck – auch aus
Grünem Karibischen Bernstein.

5 *Susanne* und *Peer Agena* bieten ihr beliebtes
Bernsteinschleifen seit Frühjahr 2017 in ihren
neuen Räumen **am Hauptbad** an (Karte S. 58).
An gemütlichen, aus alten Strandplanken ge-
zimmerten Tischen wird gemeinsam geschliffen
und poliert bis aus einem matten Bernstein-
Rohling ein glänzendes Schmuckstück wird, das
an einem Lederband um den Hals getragen werden kann. Ein kleines Bernsteinmuseum ist geplant. Die Kurse (für Erwachsene und Kinder ab

ca. 6 Jahren) finden von April bis Oktober sowie
zum Jahreswechsel immer mittwochs von 15.30
bis 17 Uhr statt, während der Schulferien und an
Feiertagen gibt es zusätzlich einen Freitagster-
min (20 € pro Person inkl. Bernstein und Lederband, Kavalierpad 12/Am Hauptbad, Anmeldung und Information unter Tel. 990662, www.
bernsteinschleifkurse.de).

20 Auch bei **Fynn's Pläseer/Inselcenter** (Karte
S. 58) werden neben Urlaubssouvenirs Bernsteinschleifkurse angeboten. Termine auf Anfrage, Anmeldung vor Ort in der Barkhausenstr. 1,
Tel. 274, 20 € inkl. Bernstein und Lederband.

⌂ Bernsteinschleifen macht Spaß

6

Ebbe und Flut

Gezeiten

Die Gezeiten sind ein **Charakteristikum der Nordsee,** das frühe Besucher wie Griechen und Römer in Erstaunen versetzte, denn im Mittelmeer sind Ebbe und Flut annähernd unbekannte Größen. Die Nordsee steht insofern jedoch keineswegs allein da, denn Gezeiten gibt es, mehr oder weniger ausgeprägt, in allen Meeren der Erde. Mancherorts sind sie sogar gewaltig dimensioniert und stellen damit die regulären **2,40 Meter** über Normalnull von Langeoog weit in den Schatten.

Baden bei Flut

Doch auch in 2,40 Metern kann man ertrinken. Für den Badegast ist es deshalb gut zu wissen, wann das Wasser auf- oder abläuft und wann es zum Stillstand kommt. Die steigende Nordsee bringt zudem saubere, klare Fluten von draußen mit, und das Strömungsgeschehen spielt sich dann auch zahmer als bei ablaufendem Wasser ab. Das Baden bei Flut ist deshalb **sicherer als bei Ebbe,** weil der Strom drückt und nicht zieht; man wird auf den Strand zurückgespült und nicht hinaus auf die offene See. Andererseits passiert es dann eher, dass man den Boden unter den Füßen verliert; plötzlich ist dort Wasser, wo eben noch Land war. Kindern widme man bei steigendem Wasser also besondere Aufmerksamkeit.

Von größtem Belang sind die Gezeiten natürlich für **Wattläufer,** die in Unkenntnis der Dinge in arge Malesche geraten können. Wer mit einem „staatl. gepr." Guide auf Tour geht, hat aber nichts zu befürchten, denn der Mann weiß Bescheid.

Begriffs-klärung

Im sogenannten **Tidekalender** tauchen die Begriffe „Ebbe" und „Flut" überhaupt nicht auf, denn sie sind kein Küstendeutsch. Ebbe wird **„ablaufend Wasser"** genannt, das bei Niedrigwasser seinen Tiefpunkt erreicht, und umgekehrt spricht man von **„auflaufend Wasser"** bzw. Hochwasser. Sind diese jeweiligen Tief- und Höhepunkte erreicht, läuft etwa eine halbe Stunde lang bei **„Stauwasser"** gar nichts. Darauf „kippt die Tide", und der Vorgang wiederholt sich in entgegengesetzter Richtung.

▷ Sandwatt mit typischer Rippelstruktur

6

Physikalisches

Die Gezeiten folgen dem Mond und (in weitaus geringerem Maße) der Sonne und anderen Gestirnen. Das Ganze läuft etwas unrund, weil der Mond 24 Stunden und 50 Minuten statt 24 Stunden für eine Erdumkreisung braucht. Die Tiden treten deshalb in Abständen von sechs Stunden und knapp 13 Minuten auf, und es gibt demnach jeden Tag Verschiebungen.

Wind und Wetter

Steigende Temperaturen weltweit

Dass die Temperaturen steigen, daran besteht überhaupt kein Zweifel. Jeder deutsche Sommer bringt neue Rekorde. **Die Jahre seit 2013 waren die heißesten Jahre seit Beginn offizieller Wetteraufzeichnungen** im 19. Jahrhundert, und ein Ende scheint nicht in Sicht zu sein. Für den Badegast ist das erfreulich, und auf den Inseln sowieso, denn dort lacht die Sonne noch öfter als auf dem Festland. Andere sind weniger glücklich darüber, vor allem wenn ihnen im Zeichen anwachsender Meerespegel der Boden unter den Füßen schwindet.

Das Wetter auf Langeoog

Luft- und Wassertemperaturen sowie Sonnenstunden und Regentage auf Langeoog

	Juni	Juli	Aug.	Sept.
Mittl. Tagesmax. in °C, Luft	17,6	20,7	20,8	18,0
Mittl. Nachtmin. in °C, Luft	12,7	15,3	15,1	13,0
Monatsmittel, Wasser in °C*	13,0	16,0	17,0	15,0
Durchschn. Sonnenstd./Tag	7,7	7,5	6,8	4,7
Anzahl der Regentage	15,0	16,0	19,0	14,0

*) Die Tag- und Nachttemperaturen des Wassers sind nahezu konstant.

Konstantes Klima

Im Prinzip hat sich am Klima (= langfristiges Wettergeschehen) des Nordseebereichs auch im Zeitalter der globalen Aufheizung jedoch wenig geändert. Nach wie vor bewirkt das von der Tropensonne erhitzte Wasser des Golfstroms westlich von Europa das Aufsteigen warmer Luftmassen, die sich zu **Tiefdruckgebieten** verwirbeln und, der Erdumdrehung folgend, auf die Reise nach Osten gehen. Das **Azorenhoch,** seit Urzeiten festgemauert im mittleren Nordatlantik, sorgt dafür, dass der Kurs der Tiefdruckgebiete (auch Zyklone genannt) zumeist in Richtung Nordeuropa führt. (Falls dort zur Abwechslung mal Hochdruck einzieht, müssen die Tiefs sich südlich davon vorbeiquetschen;

dann geht es im Mittelmeer zur Sache.) Ein Großteil zieht indes über die Nordsee hinweg, deren südliche Küsten den Unterseiten der Tiefdrücke dann ausgesetzt sind, auf denen, so will es die Natur, die ekligsten Verhältnisse herrschen. Und weil westliche Winde dabei den Ton angeben, wird diese Schneise die **„Westwinddrift"** genannt.

Windstärken

Die „gute alte" **Beaufort-Skala** (siehe nächste Seite) gibt immer noch eine leicht verständliche Vorstellung, wie schnell sich die Luft bewegt. Sie reicht **von 0 (Windstille) bis 12,** wenn alles drunter und drüber geht. An einem „normalen" Nordseetag auf Langeoog kann es schon mal mit Stärke 6 wehen, und die Wellen beginnen sich dann aufzubauen.

Typische Wetterabfolge

Grob gesehen bewegt sich die Luftströmung um ein Tiefdruckgebiet auf der Nordhalbkugel gegen den Uhrzeigersinn (und ein paar Grad auf das Zentrum zu, was zu vernachlässigen ist). Wenn also ein Insulaner nach Südwesten schnuppert und ankündigt: „Ik glööv dat gifft Slechtweer!" – dann ist das kein Kunststück und auch keine Demonstration „uralter Fischerweisheit". Im Vorfeld eines anrückenden Tiefs weht der **Wind** halt **aus Südwest** und kündigt **schlechtes Wetter** an. Jetzt fällt auch der barometrische Druck, und die Horizonte verdüstern sich.

Im Südsektor eines Tiefdruckgebiets stoßen Warm- und Kaltluft aufeinander; es bilden sich **„Ausläufer".** Dem Tiefdruck geht in der Regel eine **Warmfront** voraus, die meist von Regen, Nebel oder zumindest trübem Wetter begleitet ist. Nach ihrem Durchzug folgt im Allgemeinen eine **Kaltfront** mit Schauern und/oder Gewittern. Der Wind brist jetzt auf und springt, je nach Verlauf der Front, auf West, Nordwest bis Nord, und gleichzeitig wird es klarer. Dies ist das sogenannte **Rückseitenwetter,** das als „typisch" für die Nordsee gilt und dem Inselgast herrliche Tage beschert, mit kristallklarer Luft, frischem Wind, „hohem Himmel" (s.u.) und prachtvollen Wolkenformationen. Mit Glück schließt sich als nächstes satter Hochdruck an, und damit sind die Badeferien dann endgültig gerettet.

Hoher Himmel

Was ist das eigentlich, dieser „hohe Himmel"? Die **extrem klare Luft** an manchen Tagen scheint die Horizonte zusammenzurücken, weil weit entfernte Objekte (wie Wolken) noch auf der Erdtangente deutlich sichtbar sind. Das Firmament gleicht dann einer riesigen Glocke, auf der sich alle Einzelheiten transparent

6

Sturm und Wellen

Im Folgenden werden die Windstärken nach der **Beaufort-Skala** (1–12) mit den jeweils charakteristischen Bewegungen der See aufgelistet.

Bft	km/h	Wind	Zustand der See
0	< 1	Windstille	Spiegelglatt
1	1–5	Leichter Zug	Leichte Kräuselwellen
2	6–11	Leichte Brise_	Kleine, kurze Wellen mit glasigen Kämmen
3	12–19	Schwache Brise	Kämme beginnen zu brechen; mitunter treten kleine, weiße Schaumköpfe auf
4	20–28	Mäßige Brise	Wellen werden länger und Schaumköpfe häufiger
5	29–38	Frische Brise	Wellen mäßiger Höhe, aber schon von ausgeprägter langer Form; überall weiße Schaumköpfe; vereinzelt etwas Gischt
6	39–49	Starker Wind	Wellen bauen sich auf; Kämme brechen und hinterlassen größere weiße Schaumflächen; etwas Gischt.
7	50–61	Steifer Wind	Die See beginnt sich zu türmen; der weiße Schaum der Brecher legt sich in Streifen zur Windrichtung
8	62–74	Stürmischer Wind	Mäßig hohe Wellenberge mit langen Kämmen; Gischt beginnt abzuwehen und die Luft zu füllen; ausgeprägte Schaumstreifen in Windrichtung
9	75–88	Sturm	Hohe, „rollende" Wellenberge mit dichten Schaumstreifen in Windrichtung; beginnende Sichtbeeinträchtigung durch Gischt
10	89–102	Schwerer Stum	Sehr hohe Wellenberge mit langen, überbrechenden Kämmen; schweres, stoßartiges Rollen der See; Sichtbeeinträchtigung durch Gischt
11	103–117	Orkanartiger Sturm	Außergewöhnlich hohe Wellenberge, Wasser wird waagerecht weggeweht; durch Gischt herabgesetzte Sicht
12	118–133	Orkan	Luft mit Schaum und Gischt angefüllt; See völlig weiß; jede Fernsicht hört auf

abheben – der hohe Himmel. Dieses Phänomen vermittelt den Anschein, als strahle das **Licht von allen Seiten.** Die resultierenden prächtigen Farben zogen früher Maler an. Heute sind es vor allem die Fotografen, die unter den glockenklaren Verhältnissen tolle Motive finden.

Sturmfluten

Dass die Elemente gerade an der Nordsee schnell außer Rand und Band geraten, ist hinlänglich bekannt. Die großen Sturmfluten des voll Bitterkeit in „**Mordsee**" umgetauften deutschen Hausmeeres entvölkerten ganze Küstenstriche. Fluten zerstörerischen Ausmaßes gab es in den Jahren 1164, 1219, 1287, 1334, 1362, 1509, 1511, 1651, 1717, 1825, 1906 und 1962. Man sieht an dieser Zahlenfolge bereits, dass **keine Regelmäßigkeit im Auftreten von Sturmfluten** steckt: Manche liegen relativ dicht beieinander, dann wieder klaffen große Lücken. Vorhersagen lassen sich deshalb überhaupt nicht anstellen, und auch die Erderwärmung erweist sich in unseren Breiten als unzuverlässig, denn die Stürme der jüngsten Zeit sind bislang nicht auffällig stärker als die „klassischen" geworden.

Tsunami

Sogar Tsunamis gibt es an der Nordsee. Solch ein Monstrum rollte **1858** an die Inselstrände. Berichte von dem ungewöhnlichen Ereignis liegen von Wangerooge, Helgoland und Sylt vor, wo von größeren Schäden die Rede ist. Wahrscheinlich entstand der Tsunami südwestlich im Atlantik aufgrund eines unterseeischen Hangabrutsches. Die Wellenhöhe auf Wangerooge betrug etwa 4 Meter.

Blitz und Donner

Gewitter kann es **zu jeder Jahreszeit** geben, auch im Winter, und auch auf See. Man unterscheidet zwischen Wärmegewittern, die mit typischer sommerlicher Schwüle einhergehen, und solchen, die durch die heftigen vertikalen Luftströmungen in Kaltfronten verursacht werden.

Wenn eine schwarze, grummelnde „Böenwalze", so der meteorologische Begriff, auf einen zurollt, sollte man sich schnell **in Sicherheit bringen,** d.h. flaches Gelände und vor allem den Strand verlassen. Im freien Dünengelände kauere man sich mit geschlossenen Füßen in eine Mulde. Von Fahrrädern und Pferden absteigen! Distanz zu Metall herstellen! Wird eine Wattwanderung wegen Gewitterneigung abgesagt, hat das seinen guten Grund: Im platten Watt ist jeder Wanderer ein potenzieller Blitzableiter, und der Guide geht auf Nummer Sicher.

Meer und Ökologie

Wasserqualität

Die Nordsee kann sich in Bezug auf ihre Wasserqualität im weltweiten Vergleich durchaus sehen lassen. Das war vor rund 30 Jahren noch anders, als hemmungslos alles Mögliche in die Nordsee gekippt wurde. **Enorme Anstrengungen** sind seither unternommen worden, und sie sind, trotz Gegenwind, auch weitgehend erfolgreich verlaufen. Die Krone wurde diesen Mühen im Juni 2009 aufgesetzt, als das Wattenmeer (und damit auch große Teile der Ostfriesischen Inseln) als weltweit einzigartig in das **Weltnaturerbe der UNESCO** eingegliedert wurde und sich dadurch jetzt auf Augenhöhe mit solchen Weltwundern wie dem australischen Barrier Reef und dem amerikanischen Grand Canyon befindet.

Nationalpark Niedersächsisches Wattenmeer (NNW)

Gründung 1986

Der Nationalpark Niedersächsisches Wattenmeer, 1986 ins Leben gerufen, reicht **von Borkum im Westen bis Cuxhaven im Osten** und umfasst einschließlich der vorgelagerten Inseln, Platen und Sandbänke ein Areal von ca. **2500 km²**. Das entspricht immerhin fast der Größe von Luxemburg. 54% dieser Fläche gehören zur sogenannten **Ruhezone** (in den meisten Karten rot vermerkt), 45% zur **Zwischenzone** (grün) und 1% zur **Erholungszone** (gelb). Die Ruhezone gliedert sich wiederum in 36% Vogel- und 25% Robbenschutzgebiete.

Der Nationalpark hat den Nordseeinseln, Langeoog an vorderster Front, **viele Vorteile** gebracht. Denn ohne die intakte Natur, für die er steht und die er durch seine Gesetze gewährleistet, hätte der insulare Tourismus wohl keine Zukunft gehabt. „Früher ging das doch auch!", war lange Zeit ein beliebtes Argument der Parkgegner. Ja, früher – da konnte man auch noch nicht alternativ nach Mallorca und in die Karibik düsen, wenn auf den Inseln Schweröl an den Strand schwappte …

Ruhezone

Langeoog hat zwei Areale, die zur Ruhezone gehören: das **Flinthörn,** ein Dünengebiet im Südwesten der Insel, sowie der ge-

6

samte **Südteil der Insel** mit seinen Dünen, Salzwiesen und dem Inselwatt, beginnend 1 km östlich des Ortes bis zum Ostende. Dieses Gebiet in seiner Gesamtheit genießt die **größte Schutzintensität,** weil hier die empfindlichsten Landschaftsteile, Pflanzen und Tiere zu finden sind. Letztere dürfen in ihren Lebensräumen nicht aufgesucht werden, auch nicht, um sie „nur" zu filmen oder zu fotografieren. Natürlich sind Jagen und Fischen in der Ruhezone verboten bzw. drastisch eingeschränkt.

Für **Wassersportler** gilt die sogenannte **3-Stunden-Regelung.** Sie besagt, dass die Ruhezone des Nationalparks außerhalb der Fahrwasser während des Niedrigwassers (d.h. von drei Stunden nach dem mittleren Tidehochwasser bis drei vor dem nächsten Hochwasser) nicht befahren werden darf. Dies beinhaltet auch ein Verbot des Trockenfallens im Watt. Motorboote dürfen innerhalb von Fahrwassern in der Ruhezone maximal 12 und außerhalb 8 Knoten fahren. Wasserskiboote, Jetbikes und -scooter sind gänzlich verboten.

Innerhalb der Ruhezone hat man überdies **besondere Schutzgebiete** festgelegt, die in den amtlichen Seekarten eingetragen sind. Diese Areale dürfen in den folgenden Zeiträumen überhaupt nicht befahren werden: **Robbenschutzgebiete** vom 1. Mai bis 1. Oktober, die meisten **Vogelschutzgebiete** ganzjährig, kombinierte Robben- und Vogelschutzgebiete vom 1. April bis 1. Oktober des Jahres.

Zwischenzone

Die Langeooger Zwischenzone umfasst prinzipiell **alle anderen Inselbereiche mit Ausnahme des Orts- und Hafengebiets und der Erholungszone,** die sich als Strand- und Dünengürtel im weiten Bogen um den Ort bis ungefähr zur Höhe der Jugendherberge hinzieht. In der Zwischenzone braucht man sich nicht grundsätzlich an die ausgewiesenen Wege zu halten. Hier sind jedoch alle Handlungen verboten, die den Charakter des Landschaftsbildes beeinflussen und den Naturgenuss beeinträchtigen können. Dazu gehört bereits das achtlose Durchlaufen von Dünen. Für die Annäherung an Wildtiere gilt das für die Ruhezone Gesagte. Außerdem ist vom 1. April bis 31. Juli das Betreten des Deichvorlandes (d.h. der Salzwiesen und Groden zwischen dem Deichfuß und der Hochwasserlinie) nur auf zugelassenen Wegen erlaubt, weil die Vogelwelt in diesem Bereich dann ihren Brut- und Aufzuchtgeschäften nachgeht. Für Motorboote gelten analog zur Ruhezone 12 bzw. 16 Knoten Geschwindigkeit.

Verhalten im Nationalpark

Um die Vielfalt der Tier- und Pflanzenarten im Nationalpark zu schützen, gelten außerdem folgende Regeln:

- **Man halte sich an die ausgewiesenen Wege;** manche Wege und Stege dienen dem Dünenschutz, der für die Insel überlebenswichtig ist.
- **Keine Pflanzen abpflücken oder -knicken!** Das Abreißen oder Ausgraben naturgeschützter Gewächse kann mit einem Bußgeld belegt werden.
- **Keine wildlebenden Tiere** (auch keine Möwen oder Dohlen) **füttern!** Nicht nur sind Toastbrot und Ähnliches evtl. ungesund – der künstliche Fütterungsvorgang bringt auch Instinkte zum Erliegen, auf welche die Tiere für ihre normalen Ernährungsgewohnheiten dringend angewiesen sind.
- **Vogelansammlungen sind zu meiden.** Auf keinen Fall sollte man sich ihnen auf weniger als 500 Meter nähern. Die Vögel werden sonst bei ihrer Nahrungssuche, beim Brüten oder bei der Mauser (Wechsel der Federn) gestört. Das Verbot gilt auch für Wassersportler mit Einschluss von Wind- und Kitersurfern.

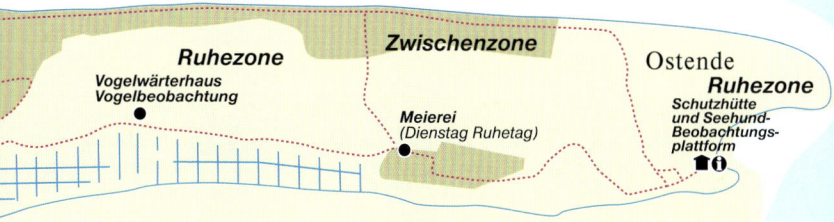

Ruhezone
Vogelwärterhaus
Vogelbeobachtung

Zwischenzone

Ostende
Ruhezone
Schutzhütte
und Seehund-
Beobachtungs-
plattform

Meierei
(Dienstag Ruhetag)

Ruhezone

I N S E L W A T T

······· Fußwanderwege

■ **Zu Seehunden ist ein Abstand von mindestens 300 Metern zu halten.** Mutterlosen Jungtieren („Heuler") kann man von Ende Mai bis Mitte August am Strand begegnen. Sie dürfen nicht berührt, geschweige denn fortgetragen oder ins Wasser gescheucht werden. Angebracht ist es, den Fundort zu verlassen und auch andere Gäste auf diesen hinzuweisen, damit die Chance bleibt, dass die Mutter den Kontakt zum Jungtier aufnimmt. Wer sich unsicher ist, ob ein Tier verletzt oder hilfebedürftig ist, kann die Seehundstation in Norddeich informieren, Tel. 04931/973330.

■ **Wattwanderungen unternehme man nur unter kundiger Führung.** Erstens dient das der eigenen Sicherheit, zweitens werden Natur und Umwelt dadurch nicht bis minimal gestört.

■ **Im gesamten Nationalpark dürften Hunde nicht frei laufen.** Auf manchen speziell ausgeschilderten Deichabschnitten sind sie (auch an der Leine) nicht zulässig.

6

Im Packeis vor Langeoog

An der Nordsee kann es nicht nur stürmen, regnen und blitzen. Es kann auch kalt werden, wenn auch im Zeichen einer immer wärmeren Erde weniger und seltener und vielleicht eines Tages überhaupt nicht mehr. **Berichte von schwerem Eisgang** im Umfeld von Langeoog stammen deshalb allesamt aus der (nahen) Vergangenheit. Einer dieser Berichte handelt vom **Untergang des Lotsendampfers „Rüstringen" im März 1942.**

Am 4. März läuft das Schiff aus Wilhelmshaven aus, um nördlich von Wangerooge auf Position zu gehen. Auf der Jade herrscht schwerer Eisgang, draußen ist es etwas lichter. Die „Rüstringen" geht vor Anker, und die Nacht vergeht ereignislos bei totaler Dunkelheit, denn alle Leuchtfeuer sind gelöscht.

Morgens um 6 wird **Grundberührung** gemeldet. Die Ankerkette ist gebrochen und das Schiff unbemerkt ins Treiben geraten. Als der Morgendunst aufreißt, tritt der Langeooger Wasserturm zutage. Die „Rüstringen" liegt genau nördlich von ihm in 6 Meter Wasser bom-

benfest auf Grund. Überall dehnt sich Eis, ein Schneesturm weht mit Stärke 8–10 aus Ost, die Luft ist minus 15 Grad kalt. Der Kapitän lässt SOS funken. Dann fällt der Strom aus.

Auf Langeoog bemüht man sich, ein Rettungsboot zu Wasser zu lassen, aber das Eis macht alle Bemühungen zunichte. Hilfe naht jedoch von der Seeseite. Das **Minensuchboot „M 225"** und das **Vorpostenboot „2001"** steuern den Havaristen an. Die „M 225" setzt eine Jolle aus; sie kentert in der schweren See. Die „2001" pickt die Schiffbrüchigen auf, doch ein Matrose ertrinkt. Wenig später sitzt auch dieses Schiff auf Grund und schlägt leck.

Die „Rüstringen" versinkt unterdessen immer tiefer im Mahlsand. Eisige Brecher schlagen die Aufbauten über Bord, **16 Besatzungsmitglieder kommen** dabei **ums Leben.** Die verbliebenen vier Männer klettern in den wankenden Schornstein des Schiffes. Mehrere Rettungsfahrzeuge versuchen sie abzubergen. Vergeblich.

Am Abend des 5. März erreicht das Langeooger **Ruderrettungsboot „Reichspost"** mit Vormann *Hillrich Kuper* die gestrandete „2001" und birgt zwölf Männer. 40 Männer hatten es zuvor unter großen Mühen über das Packeis vor Langeoog bis zur Wasserkante gebracht. Nach einer elenden Odyssee durch die Eiswüste gelangt das Boot mitten in der Nacht auf Baltrum an. Die Insassen müssen über das Eis an den Strand kriechen; das Boot wird aufgegeben. Es ist der letzte Einsatz eines Ruderrettungsbootes in der Geschichte der Langeooger Seenotretter.

Die „M 225" rettet am Folgetag die restliche Besatzung des Vorpostenbootes und die Überlebenden der „Rüstringen". Einer der vier stirbt zwei Tage später an seinen Erfrierungen. Eisopfer insgesamt: 18.

lan16_050 rh

Dünen

Lahnungen bzw. Faschinen

Vielerorts am seeseitigen Dünenfuß sieht man „**Hecken" aus Zweigwerk.** Sie bilden auf stattliche Distanzen Karrees und sollten nicht betreten werden, denn die Aufgabe dieser sogenannten Lahnungen oder Faschinen, die mit nicht unerheblichem Aufwand in den Boden gepflanzt werden, besteht darin, **den Flugsand aufzufangen** und dadurch die Dünen vor dem Davonwandern zu bewahren. Diesen Job erfüllen sie auch mit großer Zuverlässigkeit.

Viele Meter Lahnungen sind der **Arbeit von Schülern** zu verdanken, die bis auf den heutigen Tag in freiwilligen Einsätzen die Dünen mit diesem Strauchwerk versehen. „Kinderarbeit"? Der Vorwurf stand schon mal im Raum. Im Wahrheit sind die Jungs und Mädels mit dem größten Vergnügen dabei und dürfen sich im Anschluss an ihre Mühen auf der Insel erholen.

☑ Lahnungen verhindern, dass der Sand fortweht

lan16_052 rh

(Kein) Müll im Meer

Es war ein durchaus farbenfrohes Schauspiel, das Langeoog Anfang Januar 2017 weltweit in die Schlagzeilen brachte: **Sturmtief „Axel"** hatte dafür gesorgt, dass im Orkan mehrere Container von Bord eines dänischen Frachtschiffes fielen und aufbrachen. **Hunderttausende gelbe, blaue, lila- und orangefarbene Überraschungseier** überschwemmten hernach den Inselstrand. Auch Sitzpolster, Armlehnen, Kinderwagenräder, Möbelteile und Lego-Spielzeug wurden angespült. Zwar war das Gröbste dank der Hilfe zahlreicher Insulaner, Gäste und Schulklassen innerhalb weniger Tage eingesammelt, dennoch sind das Thema „Müll im Meer" und die **Sorge um das sensible Ökosystem** im Weltnaturerbe dauerhaft.

Von Hunderttausenden Teilen **Plastikmüll** pro Quadratkilometer Ozean gehen die Umweltschützer des WWF heute aus. Mit den Meeresströmungen in alle Himmelsrichtungen getragen, formen sich mittlerweile riesige **Müllstrudel** im Meer. Mit weitreichenden Folgen für Natur und Tierwelt. Im November 2013 verendete auf der niederländischen Insel Terschelling ein Pottwal mit 17 Kilogramm Plastik im Magen. Unzählige Fische und andere Meeresbewohner sterben qualvoll in herrenlosen Fischernetzen, die zu Tausenden im Meer treiben.

Das Bewusstsein für die hochsensible und einmalige Natur auf der Insel ist hoch. Gemeinsam mit den anderen Ostfriesischen Inseln und dem WWF machen sich die Langeooger für ein **Verbot von Schweröl** als billigem Treibstoff für Schiffe stark. Das Abfallprodukt von Raffinerien birgt bei einer Havarie große Gefahren für die Umwelt. Ende Oktober 2017 hielt der 225 m lange Schüttgutfrachter „Glory Amsterdam" die Langeooger in Atem. Dieser war während eines

Orkans trotz mehrfacher Bergungsversuche bis vor den Strand von Langeoog getrieben. Mit 1800 Tonnen Schweröl an Bord hatte er mehrere Tage auf einer Sandbank vor der Insel gelegen, bis er – ohne Leck und nachdem über 16.000 Tonnen Ballastwasser abgepumpt waren – erfolgreich freigeschleppt werden konnte.

Mehrmals im Jahr findet zudem die **Aktion „Strand klar!"** statt, bei der Urlaubsgäste, Insulaner, Schüler und Vereine den Strand von angespültem Schiffsmüll, Plastiktüten, Flaschen, Resten von Netzen und Segeln sowie Strandmüll säubern.

Strandwanderer können zudem die sogenannten **Strand-Müll-Boxen** nutzen, die sich an den wichtigsten Strandaufgängen befinden, und somit dazu beitragen, dass sich Vögel, Robben oder Fische nicht in herumliegenden Plastiktüten oder -netzen verfangen oder Plastikteile verschlucken. Die Boxen werden regelmäßig von der Gemeinde geleert.

Auch für die **Vermeidung von Müll** leistet Langeoog einen Beitrag: Seit Sommer 2017 gibt es in zahlreichen Geschäften, Restaurants und Cafés sowie in der Tourist-Info den **Langeoog-Mehrwegbecher für Coffee to go.** Er kostet 7,95 € und besteht aus kompostierbarem Kunststoff. Er ist in Türkis mit Strandmotiven sowie in Dunkelbraun erhältlich (Aufschrift: „Keine Haie, keine Autos, kein Müll"). Auch die Inselschiffahrt bietet seit Juli 2017 auf allen Fährschiffen einen eigenen Mehrwegbecher aus Porzellan an (11,50 €). Als letzte im Bunde legte auch die Fairtrade AG der Insel Anfang 2018 einen Mehrwegbecher auf, der u.a. im Eine-Welt-Laden zu bekommen ist (8 €).

MEIN TIPP: Im Haus der Insel zeigt der Verein **„Project Blue Sea"** eine informative Ausstellung zu den Auswirkungen von Müll auf den Lebensraum Meer. Geöffnet täglich 10–17 Uhr, direkt im Foyer. Eintritt frei, Spende willkommen.

☑ Tausende Überraschungseier am Strand

lan18_037 sk

Melkhorndüne

Langeoogs Dünen genossen einst den Ruf, stolze Gebirge zu sein. Ältere Karten verzeichnen die Melkhorndüne (in der Nähe der Jugendherberge) noch mit imposanten 21,30 Metern als „höchste natürliche Erhebung Ostfrieslands". Doch das ist sie längst nicht mehr. Durch **natürliche Abtragung** hat die Melkhorndüne ihren Titel verloren, und die anderen Dünen der Insel zählen auch nur noch zum Mittelfeld. Die kleinen Seen links und rechts der Düne sind übrigens Reste von einstigen Dünendurchbrüchen, die sich zum Teil selbst kurierten.

Flinthörn und Ostende

Sowohl die Dünen am Südwest- („Flinthörn") als auch jene am Ostende sind **geologisch relativ jung.** Das Flinthörn ist, genau besehen, ein Anlandungsgebiet, entstanden aus einem sogenannten Fluthaken („Huk"), der sich langsam, aber kontinuierlich verlängert. Das heißt, dass hier ständig Sand deponiert und Land dazugewonnen wird. Auch im Osten baut Langeoog an, weniger als die anderen Inseln, aber zumindest kommt es nicht zu Verlusten.

Vegetation

Insgesamt sind die Langeooger Dünen gut ausgeprägt und zum Inselinnern hin so stark mit Vegetation bewachsen, dass sie eher der mediterranen Macchia als den kahlen Sandhaufen ähneln, als die man sich Dünen gemeinhin vorstellt. Dies macht einen **zusätzlichen Reiz Langeoogs** aus – man kann lange Inselwanderungen unternehmen und befindet sich die ganze Zeit „im Grünen" …

Übergänge

Der gesamte Dünengürtel der Insel hat zugelassene Übergänge, außerhalb derer man nicht herumlaufen darf. Im Bereich des Ortes sind diese **durch Bohlenwege gekennzeichnet.** Außerhalb des Ortes markieren weithin sichtbare **Balkenkreuze** die zugelassenen Wege.

▷ Die Langeooger Salzwiesen sind ein empfindliches Ökosystem

6

Salzwiesen

Pflanzen

Die schönsten Salzwiesen auf Langeoog findet man vor dem Wattendeich in Richtung auf die Meierei, am Ostende und am Flinthörn. Mit dem Wort Salzwiesen werden **wattseitige Uferflächen** bezeichnet, auf denen Landpflanzen wachsen, die trotz des Salzwassers gedeihen, das sie dort unregelmäßig überschwemmt. Zu diesen **hoch spezialisierten Gewächsen** gehört auf Langeoog eine ganze Anzahl von Arten, die alle mit der Vorsilbe Strand- beginnen: Aster, Beifuß, Flieder, Grasnelke, Nelke und Sode. Im Winter ist von diesen Pflanzen kaum etwas zu sehen; sie schöpfen dann im Verborgenen Kraft für die bevorstehende Wachstumsperiode. Von Mai bis Oktober hingegen sind die Salzwiesen eine einzige Pracht subtiler Farben von zartem Rosa über kräftiges Gelb bis zu mildem Lila. Später, im Herbst, setzt der allgegenwärtige **Queller** ein sattes Braunrot hinzu. Diese urige Pflanze, die einer an Land umgesiedelten Alge gleichkommt, wird in Frankreich wie Spargel verzehrt. Bei uns steht sie unter striktem Naturschutz, wie auch die anderen genannten Strandgewächse.

lan16_053 tc

Sanddorn – die Zitrone des Nordens

An den deutschen Küsten an Nord- und Ostsee ist der niedrige Strauch mit den **blassgrünen Blättern** und bei Reife **orangefarbenen Beeren** vom Format kleiner Erbsen gut bekannt. Und auch, dass Sanddorn vor **Vitamin C** geradezu strotzt. Mit – je nach Sorte – bis zu 900 mg pro 100 g Fruchtfleisch liegt der durchschnittliche Vitamin-C-Gehalt sogar vor dem von Zitronen und Orangen (50 mg).

Die wegen der spitzen Stacheln des Strauches mühsame **Erntezeit** liegt zwischen Anfang September und Ende November. Der gepresste Saft der Beeren ist Rohstoff für eine **ganze Reihe von Produkten.** Sanddorn ist Bestandteil von Säften, Gelees, Marmeladen und Früchtetees, manchmal auch von Likören oder Grog und sogar als Zutat zu Saucen, Senf oder Kuchen und Torten findet er Verwendung. Auch in Hautpflegeprodukten wird das rotgoldene Öl aus den Kernen aufgrund seiner Vitamine und ungesättigten Fettsäuren geschätzt.

Im großen Stil stammt Sanddorn in der Regel von **Plantagen,** denn in Naturschutzgebieten darf er ohne Erntegenehmigung nicht gepflückt werden. Nun, die eine oder andere über den Weg hängende Beere vielleicht schon. Die Früchte können bei einer Erkältung oder fieberhaften Infekten zum Beispiel durchaus helfen. In unbearbeitetem Zustand schmecken die Beeren allerdings **ziemlich sauer,** und auch der Saft wird gerne mit Apfel oder Honig gesüßt. Erfrischend schmecken auch Kombinationen mit Joghurt, Kefir oder Dickmilch.

Außerdem hat sich herausgestellt, dass Sanddorn **Vitamin B12** enthält und damit die sehr kurze Liste derjenigen Pflanzen verlängert, die diese Substanz aufweisen, weshalb auch Vegetarier und Veganer ihn zu schätzen wissen.

lan16_054 rh

Tiere

Die Salzwiesen stellen wegen ihrer reichen Vegetation und einer Vielzahl von Insekten – allein auf der Strandaster leben 25 Insektenarten! – und Kleingetier einen idealen Lebensraum für viele **Vögel** dar. Enten, Gänse sowie Watvögel wie der Rotschenkel und der Säbelschnäbler sind hier in großer Zahl zu Hause, und in jedem Frühjahr fallen riesige Schwärme von Zugvögeln ein. Sie erholen sich vor den Deichen von der Flugreise und rüsten sich für die nächste Etappe in den Norden. Hier brüten Austernfischer, Rotschenkel, Wiesenpieper, Seeschwalben und Möwen.

Verhalten

Alle Salzwiesen auf Langeoog gehören zur Ruhezone des Nationalparks und dürfen **nur auf den zugelassenen Wegen** betreten werden. Doch selbst dort ist nach gelegentlichen Eigelegen und Jungvögeln Ausschau zu halten, die aufgrund ihrer ausgezeichneten Tarnung den räuberischen Möwen zu entgehen trachten, aber einem menschlichen Fuß hilflos ausgeliefert sind. Auffälliges Verhalten der Elternvögel (Scheinattacken, Lahmstellen oder lautes Geschimpfe) deutet zumeist darauf hin, dass man sich in unmittelbarer Nähe eines Geleges oder von Jungvögeln befindet. Man sollte dann besonders sorgsam auf den Weg achten und möglichst rasch aus dem Terrain verschwinden.

Es ist verboten und eigentlich selbstverständlich, dass man in den Salzwiesen **keinen unangeleinten Hund** laufen oder einen Drachen steigen lässt.

Watt

Begriff

Wer meint, das Wort habe etwas mit „waten" zu tun, ist auf dem richtigen Dampfer. Im Althochdeutschen war „Wat(t)" eine Furt. An Meeresküsten wird mit dem Begriff der **flache Seeboden** bezeichnet, der im Rhythmus der Gezeiten überspült wird und wieder trockenfällt.

Vorkommen

Watten (so der korrekte Plural) gibt es keineswegs nur an der Nordsee. Nirgendwo sonst sind die im Meer verschwindenden und dann wieder wundersam aus ihm auftauchenden Landflächen jedoch so ausgedehnt wie hier. Die **Nordseewatten** stellen insofern eine **weltweit einmalige Topografie** dar, eine **Naturlandschaft in permanentem Umschwung.** Der ständige Szenenwechsel lässt sich bei einem Inselaufenthalt, einer Wattwanderung oder während eines Sturms immer wieder anschaulich miterleben. Die Gewalten der See, der Strömungen und Gezeiten, von Wind und Wetter machen vor dem festen Land nicht halt. Sandbänke, Dünen und sogar ganze Teile der Ostfriesischen Inseln werden unablässig neu geformt, verschoben oder abgetragen. Selbst nach einer einzigen Tide oder Sturmnacht können die Watten oder der Strand völlig anders aussehen. Auf einer Wattwanderung oder bei einem Besuch des Ostendes von Langeoog erhält man eine ganz gute Vorstellung davon, was für eine Dynamik hier am Werk ist. Diese zeichnet auch verantwortlich für die **Schaffung neuer Lebensräume** für Tiere und Pflanzen, Voraussetzung für eine hohe Artenvielfalt in den betreffenden Gebieten und den Fortschritt evolutionärer Abläufe.

Lebensraum Watt

Das Wattenmeer ist **Europas größtes Wildnisgebiet** und von globaler Bedeutung für die Erhaltung der Artenvielfalt. Es erhält **über 10.000 Tier- und Pflanzenarten** am Leben. Einige davon sind Dauermieter, andere – Vögel – kommen, um zu nisten, zu jagen, sich zu ernähren oder auszuruhen, alles im Rahmen ihrer kräftezehrenden Reise zwischen den Kontinenten. Die Biodiversität vor Ort ist von entscheidender Bedeutung für die 12 bis 14 Millionen **Zugvögel,** die auf dem Weg zu ihren südlichen Winterquartieren bzw. nördlichen Brutgebieten dort Station machen. Im gesamten Wattenmeer können spektakuläre Schwärme von Watvögeln, zahllose Gänse, Enten, Löffler, Möwen und Seeschwalben beobachtet werden, die lebendige Einblicke in die Artenvielfalt liefern. Zweimal täglich schwemmt die Flut frische Nahrung für das Seegetier heran, das seinerseits der Vogelwelt als leckerer Happen dient. Bei Ebbe ist die Tafel für die Vögel mit Herz- und anderen Muscheln, Wattwürmern und Krabben reich gedeckt. Wasservögel können das ganze Jahr über beobachtet werden, sie sind jedoch am häufigsten während der Migrationen im Frühling und Herbst zu sehen.

Wo die Naturgewalten das Regime haben, mit ständiger Zergliederung und Umschichtung von Sand und See, ist für die in einem solchen Ökosystem mit seinen zahllosen Anforderungen angesiedelten **Lebewesen Flexibilität** ein Imperativ. Das Wattenmeer stellt auf einmalige Art unter Beweis, wie die Natur und ihre Fauna und Flora sich den unablässig wechselnden Verhältnissen anzupassen verstehen. Und das Erstaunlichste daran: Die Produktivität des Watts ist die höchste der Welt und bietet den Tieren eine riesige Nahrungspalette.

Die Nordsee

**Nieder-
sächsisches
Wattenmeer**

Das niedersächsische Wattenmeer setzt sich aus allen Lebensräumen zusammen, die für die Küste, die Inseln und das Weltnaturerbe bedeutsam sind: offenes Wasser, Sandbänke, Priele, Schlickflächen, Dünen und Salzwiesen. Eng verbunden mit diesen Habitaten sind **spezielle Tier- und Pflanzenarten,** von denen es manche nirgendwo anders gibt. Seien es Fische, Krebse, Muscheln, Quallen, Schnecken, Würmer, Vögel oder die drei großen Meeressäuger Seehund, Kegelrobbe und Schweinswal – sie alle sind in stattlichen Zahlen vertreten.

Das Watt erscheint bei Ebbe auf den ersten Blick als völlig leblose, schlickdunkle oder sandhelle mächtige Fläche. Dennoch steckt es voll wuseliger Fauna, mehr als jeder andere Lebensraum auf Erden. Es handelt sich zumeist um **Klein- oder gar Kleinstgetier,** das sich wiederum von fast mikroskopischer Fauna ernährt. Bis zu eine Million Kieselalgenzellen befinden sich in einem Fingerhut Wattboden, und auf einem Quadratmeter davon sind bis zu 40.000 Minikrebse aktiv. Die nächstgrößere Lebensform, Watt- oder Pierwürmer, ist auf dieser Fläche an die fünfzig Mal vertreten; wurstige Häufchen an der Oberfläche verraten ihre Gegenwart. Und in riesiger Zahl beleben mehrere Arten von **Muscheln** das so bewegungsarm erscheinende Areal. Nur ihre toten Schalen bedecken vielerorts große Flächen, was keineswegs auf ein allgemeines „Muschelsterben" hindeutet, sondern auf das ganz normale Ableben dieser Mollusken im natürlichen Zyklus: Die festen Schalen bleiben halt liegen, mitunter bis in alle Ewigkeit. Eine weitgehend aus Muschelschalen bestehende Bodenbeschaffenheit nennt sich auf den Inseln **„Schill".** Man erkennt die Verwandtschaft zum engl. *shell* = Muschel.

Überdies ist das Wattenmeer die Kinderstube eines Großteils der **Nordseefische.** Hering, Scholle, Seezunge, Sprotte und andere Flossenträger schlüpfen hier aus dem Ei und begeben sich erst als Herangewachsene auf die hohe See. Wir tun also gut daran, dieses gewaltige **Biotop am Leben** zu **erhalten.** Vor der Einrichtung von Schutzzonen war es schon einmal kurz vorm „Umkippen". Deutschland und seine Nachbarländer an der Nordsee dürfen sich glücklich schätzen, dass dieser GAU nicht eintrat und die Politik auf weitere Besserung zielt, egal welche Parteien gerade am Drücker sind.

6

Vogelwelt

129 Vogelarten auf Langeoog

12 bis 14 Millionen Zugvögel kommen jedes Jahr ins Wattenmeer, um Energie für den Weiterflug zu tanken oder den Winter hier zu verbringen. Das Einzugsgebiet reicht dabei von Sibirien, Grönland und Kanada bis nach Südafrika und sogar in die Antarktis. In der Brutsaison von Mitte April bis Ende Juni sind auch Arten wie die Sumpfohreule und die Kornweihe anzutreffen, die auf den Ostfriesischen Inseln ihren deutschlandweit letzten Rückzugsraum gefunden haben. Grund für die große Anziehungskraft des Wattenmeers für Zugvögel ist der **Nahrungsreichtum,** denn mit den unzähligen Muscheln, Schnecken, Würmern, Krebsen und Fischen, die die Vögel hier finden, können sie Fettreserven für den Weiterflug aufbauen und außerdem ihre Jungen füttern. Auch auf Langeoog sind zu den Zugzeiten im Frühjahr und Herbst mitunter solche Vogelscharen zu sehen, dass sie die Sonne verdunkeln. 129 Vogelarten sind im Oktober 2017 im Rahmen der Zugvogeltage (s.u.) auf der Insel gezählt worden, darunter Wespenbussarde, Zwergschnepfen, Wellenläufer, Seidenreiher und Dreizehenmöwen; darauf kann die Insel stolz sein und ist es auch. Außer den nachstehend auszugsweise aufgeführten See- und Küstenvögeln hat sich auch die **Dohle** breitgemacht, und zwar vornehmlich im Ortsgebiet, wo immer mal etwas zum Futtern abfällt. Die kecken schwarzen Burschen hüpfen den Gästen sogar zwischen den Füßen herum. Und ja nicht das Frühstück unbeaufsichtigt auf der Terrasse stehen lassen – im Nu sind die Räuber da!

Vogelwärterhaus

Von großem Interesse für Vogelfreunde ist das Vogelwärterhaus am Weg zur Meierei und zum Ostende, in dem Nationalpark-Ranger *Jochen Runar* sein Büro hat. Mit einer **multimedialen Ausstellung und einer Vogelkiekerwand** informiert es auf kurzweilige Art über den Seevogelschutz auf Langeoog. Die Veranda und der Aussichtspunkt des Vogelwärterhäuschens mit seinem Spektiv bieten einen fantastischen Rundblick auf Salzwiesen, Inselwatt, Dünenlandschaften und die nahe gelegene Brutkolonie der Silbermöwen. Und während der jährlich im Ok-

▷ Austernfischer (vorne) und Möwen fühlen sich auf der Insel wohl

tober stattfindenden **Zugvogeltage** im Nationalpark Niedersächsisches Wattenmeer (nächster Termin: 13. bis 21. Oktober 2018, Infos unter www.zugvogeltage.de) gibt es spannende Führungen, Ausstellungen, Vorträge und sogar eine kulinarische Umsetzung des Themas. Das Haus ist täglich von 9 bis 19 Uhr geöffnet, der Eintritt ist frei.

Flinthörnhütte

Ein weiterer besonderer Ort für die Vogelbeobachtung ist die Info-Hütte am Flinthörn. Man erreicht sie vom Flinthörndeich über einen 1,5 km langen ausgewiesenen Naturpfad. Von der **Beobachtungsplattform** hat man nicht nur einen guten Blick auf strandbrütende Vogelarten, sondern auch auf Baltrum, das Watt und das Flinthörn. Ein Fernrohr, Informationstafeln und die „**Drehscheibe Vogelzug**", die wichtige Zugvogelarten und die Entfernungen zu ihren jeweiligen Sommer- und Winterquartieren anzeigt, machen den Naturpfad Flinthörn und die Flinthörnhütte zu einem informativen Ziel.

Silbermöwen

Vor allem Möwen sind auf Langeoog überall. In der Mehrzahl handelt es sich bei ihnen um Silbermöwen, **so genannt wegen ihres hellfarbigen Gefieders,** oben blaugrau, unten weiß. Auffallend sind auch gelbe Augen und Schnäbel, Letztere mit einem roten Fleck an der Unterschnabelspitze. Jungvögel unterschei-

lan16_055.rh

den sich von den „Erwachsenen" dermaßen, dass man versucht sein mag, sie für eine ganz andere Art zu halten. Sie besitzen ein braun-grau gesprenkeltes Tarngefieder, dunkle Augen und einen schwarz-grauen Schnabel. Erst nach vier Jahren kommt es zu einer Umwandlung in eine „wirkliche" Silbermöwe. In den 1930er Jahren hatte Langeoog mit bis zu 25.000 Brutpaaren die größte Silbermöwenkolonie Deutschlands. Heute sind es noch knapp 1300 Paare.

Sturmmöwe

Eng verwandt und ähnlich aussehend ist die Sturmmöwe, die nicht den roten Schnabelfleck hat.

Lachmöwe

Ganz anders tritt die Lachmöwe (von „Lache", nicht „Gelächter") in Erscheinung, nämlich **mit einer schokoladenbraunen „Maske",** die den größten Teil des Kopfes bedeckt, im Winter aber bis auf einen kleinen dunklen Restfleck hinter dem Auge abgelegt wird. Auffällig sind zudem ihre roten Beine und der rote Schnabel. Lachmöwen sind etwa taubengroß und treten wegen ihrer ausgesprochenen Anpassungsfähigkeit ebenfalls in stattlichen Zahlen auf.

Weitere Möwen

Weitere im Raum Langeoog vertretene Möwenarten sind die **Mantelmöwe,** ein großer, kräftiger Vogel mit zum Teil schwarzem Federkleid, und die **Heringsmöwe.**

Alpenstrand-läufer

Was da mitunter **in großen Scharen** im Watt herumwuselt, sind Ansammlungen dieses **agilen Vogels,** der etwas kleiner als eine Amsel ist. Zur Verwandtschaft zählen der Sichel- und Zwergstrandläufer und der Knutt. Diese possierlichen Tierchen sprinten einem öfter, allein oder zu mehreren, an der Wasserlinie voran – immer ein paar Meter auf Abstand.

Austernfischer

Austern knackt dieser **hübsche, schwarz-weiß gefiederte Vogel** mit seinem **kräftigen roten Schnabel** nicht, insofern ist er etwas fehlbenannt. Miesmuscheln sind seine Leibspeise, und Wattwürmer lutscht er mit großem Behagen wie durch einen Trinkhalm aus ihren Löchern. Deswegen ist der schwarzbekopfte Fischer, eifrig stochernd, im Watt zu sehen. Seine Brutstätten sind direkt im Deichvorland. Kommt man ihnen zu nahe, kann es schon passieren, dass der wütende Vogel einem die Flügel um die Ohren watscht.

Die Nordsee

Großer Brachvogel

Das Merkmal dieses größten europäischen Watvogels ist der **lange, leicht gekrümmte Schnabel,** Werkzeug für die Ernährung in Salzwiesen und sumpfigen Dünentälern. Dort hört man auch seinen charakteristischen Ruf: „Prüüühip". Der Große Brachvogel ist **relativ selten geworden,** doch im Herbst ist er als Zugvogel häufiger vertreten, vornehmlich im Ostteil der Insel.

Küsten-seeschwalbe

Mit seiner schwarzen Kappe sieht dieser kleine Vogel der Flussseeschwalbe zum Verwechseln ähnlich. Er ist etwa amselgroß, hat dabei aber deutlich längere Flügel. Es handelt sich um einen **ausgeprägten Seevogel,** der stoßtauchend Fische fängt. Bemerkenswert sind die Fernreisen dieses Piepmatzes, die entlang der Küsten von Afrika und Südamerika bis in die Antarktis führen. Die Küstenseeschwalbe legt im Jahr rund 70.000 bis 80.000 Kilometer zurück und hat damit den längsten Weg aller Zugvögel.

Rotschenkel

Dieser rotbestrumpfte kleine Vogel ist überwiegend auf den Marschwiesen vor den Deichen und im Wattvorland zu finden, wo er mit seinem **langen und spitzen Schnabel** der Nahrungssuche nachgeht. Dort ist auch sein Ruf häufig zu hören: „tü-tü", der in Trillern und Jodeln übergeht, wenn sich der Vogel im Frühjahr auf **Brautschau** begibt. Die er übrigens sehr ernst nimmt: Sie dauert bis zu zwei Monate. Zur Belohnung für diesen Aufwand darf er sich später auch weitgehend allein als Hausmann der Aufzucht des Nachwuchses widmen.

BITTE DÜNEN NICHT BET

7 Anhang

 Dünen schützen die Insel vor Sturmfluten
und dürfen deshalb nur an ausgewiesenen Stellen betreten werden

Literaturtipps

Wissenswertes

■ *Cosima Bellersen Quirini:* **100 besondere Orte auf Langeoog,** Schadinsky Verlag 2016. Verborgene Winkel, Ungewöhnliches und Bekanntes in kurzweiligen Texten.

■ *Hildegard Schepker* (Text) und *Martin Stromann* (Fotos): Langeoog. **Eine Insel fürs Leben,** Ostfriesland Verlag 2015. Schöner Fotoband mit vielen Bildern aus der Luft und informativen Texten.

■ *Jan* und *Birte Weinbecker:* **Von Weltreisenden, Flugkünstlern und Rolling Stones – Langeooger Vögel im Porträt,** Verlag Enno Söker Esens (ESE) 2015. Kenntnisreicher und unterhaltsamer Überblick über Langeoogs Vogelwelt mit beeindruckenden Fotos.

■ *Jan Werner:* **Törnführer Nordseeküste – Cuxhaven bis Den Helder,** Delius Klasing Verlag 2016. Segelfreunde finden hier ausführliche Beschreibungen des Reviers und der Häfen mit Hinweisen zur Ansteuerung und zu den Versorgungsmöglichkeiten.

Spannung & Unterhaltung

■ *Klaus-Peter Wolf:* **Ostfriesentod,** S. Fischer Verlag 2017. Die Ostfriesenkrimis um Ermittlerin *Ann Kathrin Klaasen* von der Kripo Aurich sind längst Kult. Im elften Band der beliebten Serie gerät die Hauptkommissarin selbst unter Mordverdacht – und auch Langeoog zeigt seine schaurige Seite ... Die Filmrechte an den Ostfriesenkrimis hat sich mittlerweile das ZDF gesichert, der erste Teil „Ostfriesenkiller" mit *Christiane Paul* in der Hauptrolle wurde im April 2017 erstmals ausgestrahlt. Für Juni 2018 ist die Veröffentlichung des zweiten Bandes von *Wolfs* neuer Reihe um *Dr. Bernhard Sommerfeldt* geplant, der ebenfalls auf Langeoog spielen soll. Titel: Totentanz am Strand. Sommerfeldt kehrt zurück, Fischer Taschenbuch Verlag.

MEIN TIPP: Mehrmals im Jahr liest der Autor auf der Insel aus seinen Büchern. Die nächsten Termine (mit musikalischer Begleitung seiner Frau, der Liedermacherin *Bettina Göschl*): 15.8. und 3.10.2018 im Haus der Insel.

■ *Peter Gerdes:* **Langeooger Lügen,** Leda Verlag 2014. Insgesamt sechs Langeoog-Krimis hat *Peter Gerdes* bereits veröffentlicht. In Langeooger Lügen muss der sympathische Inselpolizist *Lüppo Buss* gleich zwei Morde aufklären ... Die weiteren Titel heißen Sand und Asche, Solo für Sopran, Wut und Wellen, Der Fluch der goldenen Möwe sowie Langeooger Serientester.

> Typisches Nordseewetter: Sonne, Wind und Wolken

■ *Christiane Franke:* **Mord im Watt – Küstenkrimi,** Emons Verlag 2015. Der dritte Fall der Wilhelmshavener Kommissarinnen *Oda Wagner* und *Christine Cordes* spielt – wie auch Fall vier Mord unter Segeln – in Teilen auf Langeoog.

■ *Stefan Kruecken* und *Jochen Pioch:* **Mayday – Seenotretter über ihre dramatischsten Einsätze,** Ankerherz Verlag 2017. Sie fahren in den Sturm, wenn alle anderen im sicheren Hafen sind: 25 Seenotretter, unter ihnen Langeoogs ehemaliger Vormann *Gerrit Leiß,* berichten von ihrem Alltag, mutigen Einsätzen und dem Respekt vor der See. Mit eindrucksvollen Fotos.

■ *Sandra Lüpkes:* **Das kleine Inselhotel,** Rowohlt Taschenbuch Verlag 2014. Die Autorin weiß, wovon sie schreibt: Auf Juist aufgewachsen, war sie viele Jahre selbst Inselgastgeberin. Ihr Roman um die Fernsehmoderatorin *Jannike,* die nach einem Skandal auf einer idyllischen Nordseeinsel ein neues Leben beginnt und ein Hotel eröffnet, ist die perfekte Strandkorblektüre. Die ebenso unterhaltsamen Folgebände heißen Inselhochzeit, Inselträume und Inselfrühling.

Speziell für Kinder

■ *Silke Ahlborn:* **Natur-Erlebnisbuch Nordsee. Mitmachen, forschen, entdecken!,** Wachholtz Verlag 2016. Neben Infos zum Wattenmeer, zu Tierarten, Salzwiesen und Dünen bietet das Buch Kindern zahlreiche Anregungen zum selbst aktiv werden.

lan18_039 sk

■ *Bettina Göschl* und *Klaus-Peter Wolf:* **Die Nordseedetektive. Fahrraddieben auf der Spur,** Jumbo Neue Medien Verlag 2016. Bei ihrem vierten Fall jagen die Geschwister *Emma* und *Lukas,* besser bekannt als die Nordseedetektive, Fahrraddiebe auf Langeoog. Charmant-spannende Geschichte – sowohl als Buch als auch als Hörbuch (im gleichen Verlag). Ab 6 Jahren.

■ *Carmen Hochmann:* **Das große Langeoog-Wimmelbuch,** tpk-Verlag 2016. Liebevoll und detailliert gezeichneter Wimmelspaß mit allen sehenswerten Orten der Insel.

Persönliche Betrachtungen

■ *Mayk D. Opiolla:* **Momentaufnahmen 4. Neue Betrachtungen von der Insel,** Books on demand 2017. Die 32 kurzen Texte sind eine Liebeserklärung an die Wahlheimat des Autors. Sinnlich-melancholisch berichtet der Ich-Erzähler von Winterstürmen, der Inselnatur, besonderen Begegnungen und der Suche nach dem passenden Partner. Die drei Vorgängerbände heißen Momentaufnahmen Berlin – Langeoog, Band 1–3.

Kochen & Backen

■ *TeeRose Langeoog:* **Langeooger Kokenbook.** *Astrid* und *Heiko Barenthin* von der TeeRose Langeoog verraten ihre Lieblingsrezepte – angefangen von Plätzchen und Keksen über Rühr- und Blechkuchen bis zum Eiergrog und Sanddorn-Kleinigkeiten. Erhältlich vor Ort in der TeeRose, Kirchstraße 1, sowie in der Buchhandlung Krebs am Wasserturm.

■ *Silke Hars:* **Rezepte aus der Inselküche,** Cobra Verlag 2015. Mit Langeooger Impressionen bebildertes Büchlein, in dem von A wie Anistaler bis Z wie Zitronencreme mehr als 55 Rezepte zu finden sind – neben Keksen, Kuchen und Süßspeisen vor allem Fischgerichte. Das Heft ist z.B. über die Buchhandlung Krebs am Wasserturm zu bekommen.

Platt snacken

■ *Hermann* und *Hans-Jürgen Fründt:* **Plattdüütsch, das echte Norddeutsch,** Reise Know-How Verlag, Bd. Nr. 120. Unterhaltsamer und lehrreicher Sprachführer aus der Kauderwelsch-Reihe. Über 1000 Wörter und Redewendungen. Wer mag, kann sich per Smartphone/PC Aussprachebeispiele anhören.

Kartenmaterial

■ *KOMPASS-Karten:* **Langeoog im Nationalpark Niedersächsisches Wattenmeer,** 2017. Detaillierte Wanderkarte mit Ortsplan Langeoog, Rad- und Reitwegen. Reiß- und wetterfest, GPS-genau im Maßstab 1:15.000.

Das komplette Programm zum Reisen und Entdecken
von REISE KNOW-HOW

- **Reiseführer** – alle praktischen Reisetipps von kompetenten Landeskennern
- **CityTrip** – kompakte Informationen für Städtekurztrips
- **CityTrip^{PLUS}** – umfangreiche Informationen für ausgedehnte Städtetouren
- **InselTrip** – kompakte Informationen für den Kurztrip auf beliebte Urlaubsinseln
- **Wohnmobil-Tourguides** – alle praktischen Reisetipps für Wohnmobil-Reisende
- **Wanderführer** – exakte Tourenbeschreibungen mit Karten und Anforderungsprofilen
- **KulturSchock** – Orientierungshilfe im Reisealltag
- **Die Fremdenversteher** – kulturelle Unterschiede humorvoll auf den Punkt gebracht
- **Kauderwelsch Sprachführer** – vermitteln schnell und einfach die Landessprache
- **Kauderwelsch plus** – Sprachführer mit umfangreichem Wörterbuch
- **world mapping project™** – aktuelle Landkarten, wasserfest und unzerreißbar
- **Edition REISE KNOW-How** – Geschichten, Reportagen und Abenteuerberichte

Reisetagebuch – Notizen von unterwegs von REISE KNOW-HOW

Weltkarte
Kontinente und Zeitzonen
Immerwährender Kalender
Reiseverzeichnis
Sprachhilfe ohne Worte

1. Auflage 2017
ISBN 978-3-8317-3020-9
€ 12 [D]

Dieses Reisetagebuch hat 133 Seiten zur freien Gestaltung. Es gibt noch eine Packliste, eine Budgetliste und Adress-Seiten zum Ausfüllen. Und natürlich viel Nützliches für unterwegs. Es ist liebevoll illustriert mit alten Stichen von Tieren, Pflanzen und Fortbewegungsmitteln aus aller Welt, aufgelockert mit Gedanken und Zitaten zum Thema Reisen.

Register

Anhang

Die Autoren

Roland Hanewald wurde in Cuxhaven an der Nordsee geboren und wuchs an der Weser auf. Über 20 Jahre fuhr er als Offizier der Handelsmarine zur See; lange Zeit wohnte er auch im Inselstaat der Philippinen. Anfang der 1990er Jahre entdeckte der Autor seine Liebe zur heimischen Nordsee wieder neu und lebt seitdem im Kleinstädtchen Neuenburg in der Friesischen Wehde – wenn er nicht gerade in der Welt unterwegs ist. Außer Büchern, darunter einem Wattführer im Auftrag der UNESCO, verfasste der Autor Reisereportagen; über 1500 hat er bislang geschafft – und in 48 Ländern veröffentlicht. Dabei haben seine Ratschläge für den Strand Hand und Fuß: Er war im Alter von 13 Jahren (mit einer Ausnahmegenehmigung) Deutschlands jüngster Rettungsschwimmer.

Stefanie Kullmann, Jahrgang 1976, verbrachte die Sommerferien ihrer Kindheit stets an der Nordsee. Ihr Herz schlägt auch heute noch für das Meer und außerdem für Bücher, Zeitungen und das Recherchieren auf Reisen. In Bremen, Paris und Berlin studierte sie Kulturwissenschaft, Kunstgeschichte und Germanistik und absolvierte danach ein Tageszeitungsvolontariat in Essen. Nach Stationen als Redakteurin in Wetter/Ruhr und in Augsburg lebt sie heute mit ihrer Familie am Teutoburger Wald und arbeitet als Schlussredakteurin in einem Bielefelder Verlag.

080b rh

lan18_040 hk

Langeoog Übersicht

0 — 1 km ©Reise Know-How LangeoogU3 7/18

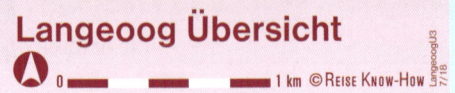

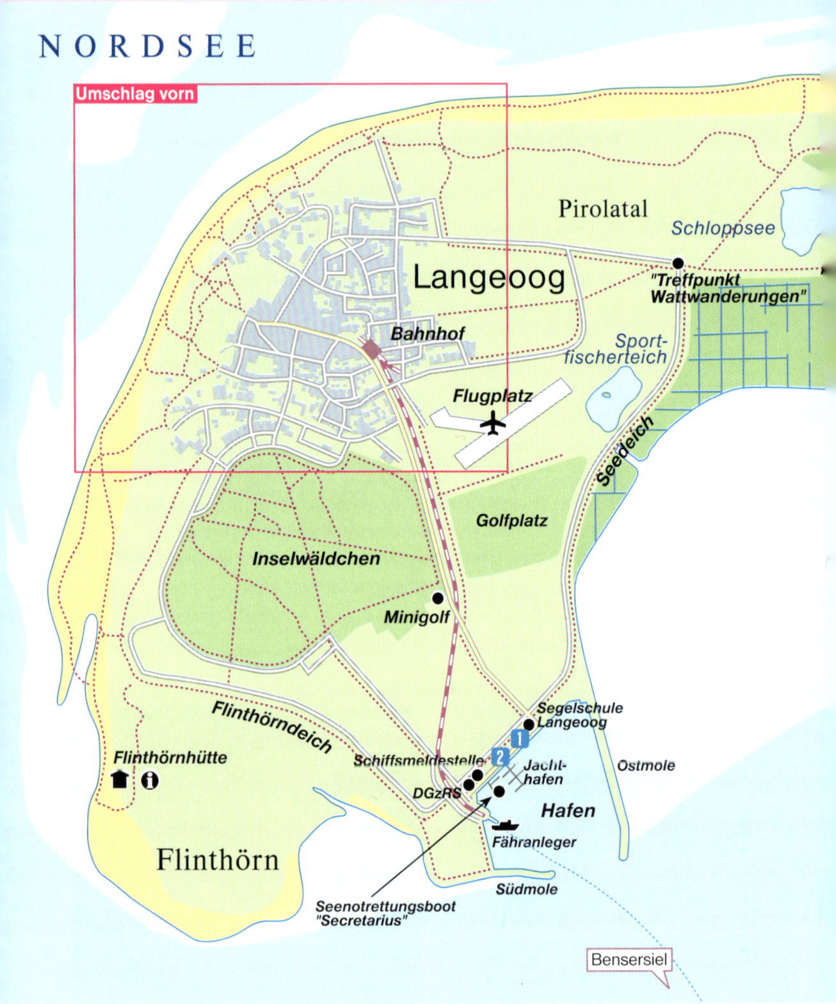
NORDSEE
Umschlag vorn
Pirolatal
Schloppsee
Langeoog
"Treffpunkt Wattwanderungen"
Bahnhof
Sport-fischerteich
Flugplatz
Seedeich
Golfplatz
Inselwäldchen
Minigolf
Flinthörndeich
Segelschule Langeoog
Flinthörnhütte
Schiffsmeldestelle
Jachthafen
Ostmole
DGzRS
Hafen
Fähranleger
Flinthörn
Südmole
Seenotrettungsboot "Secretarius"
Bensersiel

Legende zu den Karten im Innenteil

- **Übernachtung**
- **Essen und Trinken**
- **Einkaufen/Sonstiges**

- LangeoogCard-Automaten
- Toiletten

- Fußgängerzone

- Touristeninformation
- Sehenswürdigkeit
- Museum
- Kirche
- Post
- Flugplatz
- Kurheim
- Schutzhütte